D1668488

Paul Ferrini
Die Wahrheit in dir

Paul Ferrini

Die Wahrheit in dir

AURUM VERLAG

Die amerikanische Originalausgabe erschien unter dem Titel "The
Way of Peace . A New System of Spiritual Guidance" bei Heartways
Press, Greenfield, MA.

Ins Deutsche übersetzt von Ilona Borszik und Christine Bendner

Umschlaggestaltung und Kalligraphie: Jutta Kümpfel

Die Deutsche Bibliothek – CIP-Einheitsaufnahme
Ein Titeldatensatz für diese Publikation ist bei der
Deutschen Bibliothek erhältlich.

2001
ISBN 3-591-08468-9
© 1999 Paul Ferrini
© der deutschen Ausgabe Aurum Verlag GmbH, Braunschweig
Satz: Jennifer Kirchhof
Gesamtherstellung: Westermann Druck Zwickau GmbH

Die Wahrheit in dir

Dieses Buch enthält die inspirierenden Worte Jesu, die ich während der letzten Jahre von Ihm erhalten und zu einzelnen Weissagungssprüchen geformt habe. Sie sollen Ihnen geistige Führung sein und Ihnen helfen, sich mit dem Ihnen innewohnenden Christus zu verbinden. Öffnen Sie das Buch spontan, wann immer Sie Hilfe benötigen, und lesen Sie den entsprechenden Text, um die Situation, in der Sie sich gerade befinden, konzentrierter wahrnehmen zu können. Oder verfahren Sie wie im folgenden Abschnitt beschrieben, um Antworten auf Ihre Fragen zu bekommen. Sie werden von der Tiefgründigkeit und Genauigkeit dieser Antworten überrascht sein.

Die Wahrheit in dir soll Ihnen angesichts der vielfältigen Herausforderungen Ihres täglichen Lebens spirituelle Klarheit schenken. Die 216 Weissagungen in diesem Buch habe ich aus den vier Büchern meiner *Christ Mind* Serie ausgewählt: *Denn Christus lebt in jedem von euch; Stille im Herzen; Die Wunder der Liebe; Rückkehr nach Eden.* Wenn Sie sich eingehender mit diesen Themen beschäftigen wollen, sind diese Bücher vielleicht die richtige Lektüre für Sie. Darüber hinaus möchte ich Sie auf ein weiteres Buch hinweisen, in dem diese Gedanken ebenfalls verdichtet sind. (Das Buch mit dem englischen Titel *I am the Door* erscheint im Herbst 2001 bei Aurum.)

Möge Ihnen das vorliegende kleine Buch helfen, den Frieden, die Freude und die Weisheit zu finden, die tief in der Stille Ihres Herzens verborgen sind.

Paul Ferrini

Wie Sie das Buch zur Weissagung nutzen können

Wenn Sie die Weissagung mit drei Würfeln durchführen möchten, wie es in diesem Buch vorgesehen ist, besorgen Sie sich drei Würfel in unterschiedlichen Farben (zum Beispiel blau, violett und grün). Wenn Sie Würfel in anderen Farben verwenden, müssen Sie die hier gegebenen Anweisungen entsprechend abändern. Verwenden Sie diese Würfel nicht für andere Zwecke und vergessen Sie nicht, sie zu weihen, bevor Sie sie (zum ersten Mal) benutzen.

Wenn Sie sich an den folgenden Ablauf halten, wird es Ihnen leichter fallen, Ihre Frage zu formulieren und Ihr Bewusstsein zu entspannen, um schließlich die passende Antwort auf die Frage zu bekommen, die Sie gestellt haben.

Suchen Sie sich einen ruhigen Ort und nehmen Sie sich mindestens 10 bis 15 Minuten Zeit. Atmen Sie zu Beginn einige Male tief ein und aus und schließen Sie die Augen. Bringen Sie Ihre ganze Aufmerksamkeit in den gegenwärtigen Moment. Entspannen Sie sich ein paar Minuten lang, indem Sie ganz ruhig ein- und ausatmen.

Nehmen Sie sich genügend Zeit, denn wenn Sie versuchen, die Weissagung möglichst schnell durchzuziehen, werden Sie unbefriedigende Ergebnisse bekommen.

Formulieren Sie nun Ihre Frage, wobei Sie darauf achten sollten, dass sie so einfach und klar wie möglich ist. Gute Fragen sind beispielsweise:

Was muss ich tun, um das Verhältnis zu meinem Ehemann zu verbessern?

Ist es für mich das Beste, wenn ich meine Arbeitsstelle wechsle?

Was sind die wirklichen Ursachen für meine Schwierigkeiten mit .....?

Wenn Sie mit der Formulierung Ihrer Frage zufrieden sind, sollten Sie sich von all Ihren bisherigen Gedanken befreien und bereit sein, Ihre Situation in einem neuen Licht zu sehen. Bitten Sie um eine Antwort, die Ihre Gedanken erhellt, so dass Sie wissen, was Sie zu tun haben. Lassen Sie Ihre Energie in die Würfel fließen, die sie fest in der Hand halten, bis ein Kraftfeld um sie herum entstanden ist. Schütteln Sie die Würfel dann mindestens 15 Sekunden lang und lassen Sie sie auf eine ebene Fläche rollen. Ermitteln Sie nun anhand der Zahlen auf den Würfeln und der Tabellen 1 und 2, welcher Weissagungsspruch für Sie in Frage kommt.

Schlagen Sie die Seite mit dem Spruch auf, der die Antwort auf Ihre Frage gibt, und notieren Sie alles, was Ihnen spontan dazu einfällt. Diese spontanen Erkenntnisse sind sehr bedeutsam. Lesen Sie die Antwort nun ein zweites Mal diesmal ganz bewusst in Verbindung mit der gestellten Frage.

Es kann durchaus sein, dass die Überschrift oder ein einzelner Satz eine direktere Antwort auf Ihre Frage gibt als die gesamte Weissagung. Manchmal löst ein einzelnes Wort oder eine Wortverbindung eine ganze Flut tiefer Erkenntnisse aus. In diesem Fall ist die Weissagung hauptsächlich das auslösende Moment für Ihre eigene innere Weisheit, die sich nunmehr entfaltet. Bedenken Sie, dass der Prozess der Weissagung ein Zusammenspiel zwischen Ihnen und dem Orakelspruch ist. Oftmals sind Ihre intuitiven Erkenntnisse das notwendige Verbindungsstück zwischen Ihrer Frage und der Antwort, die Sie durch die Weissagung erhalten.

Nachdem Sie sich eingehend mit der Antwort beschäftigt haben, ist es an der Zeit, Ihre Reflexionen niederzuschreiben. Verwenden Sie dazu ein Tagebuch, das nur für diesen Zweck bestimmt ist. Vergessen Sie dabei nicht, das Datum und die Frage, die Sie gestellt haben, mit zu vermerken. Wenn Sie die Eintragungen, die Sie über einen bestimmten Zeitraum gemacht haben, später noch einmal lesen, werden Sie merken, dass Sie sehr viel über sich selbst erfahren.

Bitte wenden Sie sich mit einer bestimmten Frage nur ein einziges Mal an *Die Wahrheit in dir* und konsultieren Sie das Buch nicht öfter als einmal pro Tag. Wenn Sie die Antwort, die Sie bekommen, nicht verstehen oder nicht mit ihr einverstanden sind, sollten Sie beides, Frage und Antwort, einige Tage mit sich herumtragen und die Frage dann gegebenenfalls neu formulieren.

Je mehr Energie Sie darauf verwenden, das Orakel in einer wirklich entspannten, meditativen Atmosphäre zu befragen, desto genauer wird die Antwort sein, die Sie bekommen. Um es mit einfachen Worten zu sagen: Sie werden so viel bekommen, wie Sie hineingeben. Denken Sie daran, dass jede Befragung ein heiliges Ritual ist und dass Sie nur Fragen stellen sollten, die aus Ihrem tiefsten Inneren kommen.

So finden Sie Ihre Weissagung

violetter Würfel

	1	2	3	4	5	6
1	1	2	3	4	5	6
2	7	8	9	10	11	12
3	13	14	15	16	17	18
4	19	20	21	22	23	24
5	25	26	27	28	29	30
6	31	32	33	34	35	36

blauer Würfel

1. Blauer Würfel: Die Zahl, die Sie gewürfelt haben, finden Sie in der senkrechten Reihe vor Tabelle 1.
2. Violetter Würfel: Die Zahl, die Sie gewürfelt haben, steht in der waagerechten Reihe über Tabelle 1.
3. An der Schnittstelle dieser beiden Zahlen befindet sich Ihre Grundzahl. *Beispiel*: Der blaue Würfel zeigt eine 2 und der violette eine 5. Die Grundzahl ist 11.

grüner Würfel

1	0 + Grundzahl
2	36 + Grundzahl
3	72 + Grundzahl
4	108 + Grundzahl
5	144 + Grundzahl
6	180 + Grundzahl

4. Grüner Würfel: Die Zahl, die Sie gewürfelt haben, finden Sie in der senkrechten Reihe vor Tabelle 2. Addieren Sie Ihre Grundzahl mit der daneben stehenden Zahl aus der Tabelle. *Beispiel*: Wenn Sie eine 5 gewürfelt haben, addieren Sie 144 zu Ihrer Grundzahl. Das Ergebnis ist die Nummer Ihres Weisheitsspruches. In diesem Fall finden Sie die Antwort unter Nummer 155 (11+144).

Bevor Sie Ihre Antwort lesen, können Sie die Zahlen auf den abgebildeten Würfeln mit denen auf Ihren eigenen Würfeln vergleichen. Der soeben gefundene Weisheitsspruch (Nr. 155) hat demnach folgende Anordnung:

Wenn Sie keine verschiedenfarbigen Würfel zur Verfügung haben, können Sie auch mit einem Würfel dreimal hintereinander würfeln und die Tabellen 1 und 2 nach dem ersten, zweiten und dritten Wurf entsprechend konsultieren.

1 Du bist der Weg

Du hast mich sagen hören: „Ich bin der Weg, die Wahrheit und das Leben." Das gilt auch für dich. Die Wahrheit und der Weg zu Gott sind dir nicht verborgen und dein Herz weiß, wie du Ihn in deinem Leben bezeugen kannst. Es gibt keinen Weg, keine Wahrheit und kein Leben außer durch dich.

2 Dein Wesen

Dein inneres Wesen ist heil, vollkommen, dynamisch und kreativ. Alles, was du brauchst, ist Vertrauen.

3 Das Juwel

Du bringst die Liebe und Gnade Gottes zum Leuch-
ten, denn du bist eine Facette Seines Juwels, das viele unterschiedliche Facetten hat. Das Licht, das von
einer einzelnen Facette ausgeht, ist allen eigen. Jede
einzelne verströmt Sein Licht. Das Licht, das in dir
scheint, scheint auch in mir.

4 Der Brunnen

Niemand wird die Liebe zurückweisen, wenn sie ohne Bedingungen geschenkt wird. Und wer soll sie schenken, wenn nicht du, mein Bruder, oder du, meine Schwester? Heute trinkst du aus dem Brunnen meiner Liebe, bis dein Durst gelöscht ist. Morgen wirst du selbst der Brunnen sein.

5 Meine Freundschaft

Wenn du möchtest, kannst du eine persönliche Beziehung mit mir eingehen. Diese Beziehung entsteht, wenn du sie wirklich willst und ihr vertraust. Der einfache aber ehrliche Wunsch nach meiner Freundschaft ist alles, was du brauchst.

6 Störende Gedanken

Störende Gedanken wollen liebevoll beachtet werden. Erst dann kannst du sie sanft loslassen. Was
bleibt sind Gedanken, die dich froh machen, weil sie
dich zur Wahrheit führen.

7 Die Wahrheit verstecken

Du bist ein Meister darin, die Wahrheit auf den Kopf zu stellen. Doch glaube nicht, dass die Wahrheit nicht mehr existiert, nur weil du sie verdreht hast. Es ist dir lediglich gelungen, die Wahrheit vor dir selbst zu verstecken.

8 Wachsamkeit

Sei wachsam. Eine einzige Lüge kann den Geist, der sie erdacht hat, in Verzweiflung stürzen. Doch sobald du zur Wahrheit zurückkehrst, hat die Verzweiflung ein Ende.

9 Eine offene Tür

Die Wahrheit ist eine Tür, die immer offen steht. Diese Tür kannst du nicht verschließen. Du kannst lediglich beschließen, nicht hindurchzugehen oder eine andere Richtung einzuschlagen. Doch du kannst nicht sagen: „Ich wollte eintreten, aber die Tür war verschlossen." Die Tür ist niemals verschlossen – weder für dich noch für andere.

10 Nicht suchen

Du brauchst Gott nicht zu suchen, denn Gott ist schon da. Er ist dein Sein, dein inneres Wesen. Du kannst aufhören, dich und andere zu beurteilen und dich mit negativen Gedanken zu plagen, auf denen kein Segen ruht. Dann wirst du sehen, wie der Schleier verschwindet.

11 Illusionen aufgeben

Wenn Illusionen verschwinden, kommt die Wahrheit ans Licht. Die Trennung ist aufgehoben und die frühere Einheit ist unverändert wiederhergestellt. Wenn du aufhörst, dich für etwas auszugeben, das du nicht bist, wird dein wahres Wesen klar hervortreten.

12 Der Freund

Der wahre Freund will nur das Beste für dich. Er will auch für andere nur das Beste. Gott und der Freund sind eins. Wenn du auf diesen Freund in dir zugehst, hört Gott deine Schritte.

13 Der göttliche Funke

Du trägst den ersten Funken der Schöpfung in dir.
Gleichgültig, wohin dein Leben dich führt oder wie
weit du vom Wege abkommst – du kannst diesen
Funken in deinem Bewußtsein nicht auslöschen. Er
war und ist Gottes Geschenk an dich. Wenn du diesen Funken erkennst und nährst, wird das Licht sich
in dir ausbreiten, bis du vollkommen von ihm erfüllt
bist. Dann kannst auch du der Freund sein, der Christus und der Buddha, der voller Mitgefühl ist.

14 Das Licht der Wahrheit

Das Licht der Wahrheit scheint selbst an den dunkelsten Orten. Vollkommene Finsternis gibt es nicht und Dunkelheit ist nur das Gegenteil von Licht. Die Reise ins Licht führt immer durch die Dunkelheit. Wie groß dein Schmerz auch sein mag – du wirst ihn nur in dem Maße fühlen, in dem es dir an Liebe mangelt. All deine Schmerzen führen dich zu einer Liebe, die ohne Bedingungen ist.

15 Der Lichtträger

Wenn du das Licht gefunden hast – wie unbedeutend es dir auch erscheinen mag – wird nichts mehr so sein wie zuvor. Ein Lichtträger stellt das Licht, das er trägt, niemals in Frage. Und weil das so ist, kann er es geduldig und ohne Angst an andere weitergeben.

16 Über Unterschiede hinwegsehen

Worte und Überzeugungen, die dich von anderen trennen, sollten keinen Platz in deinem Leben haben. Wenn du Frieden willst, dann finde heraus, was dich mit anderen verbindet und sieh über die Unterschiede hinweg.

17 Die Wahrheit erkennen

Die Wahrheit kommt in allen Formen und Größen, aber es ist und bleibt die Wahrheit. Lerne, sie in jeder Gestalt und in jeder Situation zu erkennen.

18 Gott kennt viele Wege

Glaube nicht, dass Menschen, die einen anderen Weg gehen als du, nicht erlöst werden können. Gott kennt viele Wege, um uns nach Hause zu führen.

19 Worte und Vorstellungen

Worte und Vorstellungen können dein Herz nicht öffnen. Nur die Liebe vermag das.

20 Das Wesen der Liebe

Wenn du dich mit der Liebe verbindest, die du tief in dir spürst, eröffnen sich dir ungeahnte Möglichkeiten. Vieles, was du tust, geschieht dann spontan. Für Selbstsucht, Zweifel und langes Überlegen gibt es dann keinen Platz mehr, denn all das kennt die Liebe nicht.

21 Spiritualität

Spirituell zu sein heißt, niemanden zu beurteilen. Es bedeutet, nicht nur mit den Augen, sondern auch mit dem Herzen zu sehen. Wer mit dem Herzen sieht, sieht das Schöne in allem, selbst im Leid. Überall, wo Herzen von der Schärfe des Lebens berührt werden, ist Schönheit. Im Regen ist Schönheit, in den Wolken und im Sonnenschein. Im Alleinsein ist Schönheit und im Zusammensein, im Lachen und im Weinen.

22 Du bist Gottes Kind

Du bist Gottes Kind genau wie ich. Alles an Gott ist gut und richtig, und auch du bist vollkommen. Wenn du diese Tatsache für dich annimmst – und sei es nur für einen Augenblick – wird sich dein Leben verändern. Nimm sie auch für deinen Bruder und deine Schwester an, und es wird keinen Streit zwischen euch mehr geben.

23 Eine einfache Wahl

Du hast nur zwei Alternativen: Du kannst andere schuldig sprechen oder sie für unschuldig halten. Zwischen diesen beiden Möglichkeiten musst du dich immer wieder aufs Neue entscheiden: jeden Tag, jede Stunde, in jedem Augenblick. Mit jedem einzelnen Gedanken fällen wir ein vernichtendes Urteil über andere oder heben es auf. Und jedes Urteil, das du über andere fällst, fällst du über dich selbst.

24 Der Spiegel

Was du an deinem Bruder oder an deiner Schwester kritisierst, zeigt sehr deutlich, was du an dir selbst nicht akzeptierst. In allen Menschen, die du nicht leiden kannst oder über die du ein vernichtendes Urteil fällst, findest du dich selbst wieder.

25 Fehler zugeben

Indem du dich weigerst zuzugeben, dass du Fehler gemacht hast, hältst du an ihnen fest und zwingst dich selbst, alles, was du tust, immer und überall zu verteidigen. Das kostet viel Zeit und Kraft. Wenn du nicht Acht gibst, kann das Rechtfertigen von Fehlern ein Thema werden, das dein ganzes Leben beherrscht.

Gib dir selbst und anderen gegenüber zu, dass du Fehler gemacht hast. Nur so kannst du dir Leid, Anspannung und den Zwang, andere täuschen zu müssen, ersparen. Es gibt keinen Fehler, der nicht korrigiert und keine Übertretung, die nicht vergeben werden könnte.

26 Niemanden tadeln

Indem du deine Schwester wegen ihrer Fehler tadelst, tust du so, als wärest du selber fehlerfrei. Natürlich bist du das nicht. Ich habe euch schon einmal gefragt und frage euch ein zweites Mal: Wer von euch wirft den ersten Stein? Statt deine Schwester wegen ihrer Fehler zu verurteilen, solltest du sie freigeben. Sie freizugeben heißt, sie zu lieben und ihr ein Leben jenseits aller Verurteilung zu ermöglichen.

27 Schlechtmachen

Jemand schlecht zu machen bedeutet, ihm oder ihr die Schuld zu geben und selbst der Überzeugung zu sein, dass er oder sie eine Bestrafung verdient hat. Rechtes Tun besteht darin, zu lieben und zu vergeben. Einfach gesagt: Es kann nie richtig sein, jemanden schlecht zu machen, so wenig wie es falsch sein kann, Gutes von ihm zu denken. Du kannst nicht auf lieblose Weise lieben. Du kannst nicht im Recht sein, solange du das angreifst, was du für falsch hältst.

28 Frei von Schuld

Was immer du gesagt oder getan haben magst – du
verdienst es nicht zu leiden. Dein Leid macht keinen
Hungrigen satt und heilt keinen Kranken. Vergib dir
selbst und nimm wieder am Leben teil, mit klarem
Blick und mutigem Herzen. Wenn du frei bist von
Schuld, wird es nicht nur dir selbst besser gehen, sondern auch denen, die deine guten Taten und dein ehr-
liches Mitgefühl brauchen.

29 Keine Ausnahmen

Nicht ein einziges von Gottes Kindern ist wirklich böse. Im schlimmsten Fall ist es verletzt, greift andere an und gibt ihnen die Schuld an seinem Leid. Aber es ist nicht böse. Ja, so tief muß dein Mitgefühl sein. Es gibt keinen Menschen, der deiner Vergebung nicht würdig ist. Und es gibt niemanden, der es nicht verdient, von dir geliebt zu werden.

30 Das Gesetz der Gleichheit

Dein Wohlergehen und das deines Bruders oder deiner Schwester sind ein und dasselbe. Du kannst keine Fortschritte im Leben machen, wenn du andere verletzt, noch kannst du einem anderen Menschen helfen, wenn du dir dabei selbst Schaden zufügst. Jeder Versuch, diese einfache Gleichung zu missachten, führt zu Leid und Verzweiflung.

31 Keine Opfer

Sieh im anderen einen Menschen, der ebenso wichtig ist wie du selbst. Opfere dich nicht auf, bitte aber auch niemanden, für dich Opfer zu bringen. Hilf anderen, wenn es dir möglich ist, und nimm ihre Hilfe dankbar an, wenn du sie benötigst. Mehr als dies ist zu viel und weniger als das ist zu wenig.

32 Dir selbst vergeben

Nur einem Menschen musst du im Laufe deines Lebens immer wieder vergeben: dir selbst. Du bist der Richter. Du bist der Geschworene. Und du bist der Angeklagte.

33 Interpretation

Es ist wichtig, wie du deine Erfahrungen interpre-
tierst. Erlebst du sie als Segen oder eher als Bestrafung? Das ist die Frage, die du dir stellen musst.
Alles, was du erlebst, kann eine spirituelle Dimensi-
on bekommen, wenn du deine Liebe hineinbringst
und deine Bereitschaft zu akzeptieren und zu vergeben.

34 Wozu Erfahrungen dienen

All deine Erfahrungen dienen nur einem einzigen Zweck: Sie sollen dein Bewusstsein erweitern. Jede andere Bedeutung, die du in deinen Erfahrungen siehst, ist eine von dir erfundene Bedeutung. Wenn du erkennst, dass die Welt im Grunde neutral ist, wirst du begreifen, dass sie nur existiert und du nur hier lebst, damit du etwas lernen kannst.

35 Der Hüter deines Bruders

Jedes Mal, wenn du einem anderen Menschen die Tür zu deinem Herzen öffnest, öffnest du auch die Tür zu mir. Meine Liebe gilt allen Menschen. Ich sehe in das Herz des Verbrechers genauso wie in das Herz des Opfers. Ich weiß, dass sich beide nach Liebe und Anerkennung sehnen. Deshalb weise ich niemanden zurück. Sei nicht schockiert, wenn ich von dir das Gleiche verlange, denn du bist meine Hände, meine Füße und meine Stimme in der Welt.

36 Andere übervorteilen

Es ist deine Aufgabe, für dich selbst zu sorgen und dich selbst wertzuschätzen. Wenn du diese Verantwortung übernommen hast, wirst du auch andere nicht mehr verletzen wollen. Selbstsüchtiges Handeln jedoch führt zu Streit, denn andere ärgert es, wenn du dich in den Vordergrund stellst. Was das angeht, sind die Regeln hart. Jemand, der auf Kosten anderer seinen Vorteil sucht, wird vielleicht gefürchtet, aber nicht geliebt. Wenn sein Schicksal sich wendet (und das geschieht unweigerlich), wird es genügend Leute geben, die nur darauf warten, ihn noch mehr zu erniedrigen.

37 Liebe zurückhalten

Nur wenn du jeden Menschen als wertvoll betrachtest, ist die Wertschätzung, die dir selbst zuteil wird,
praktisch garantiert. Wenn du deine Liebe zurückhältst, muss nicht nur derjenige darauf verzichten,
den du dir zum Feind machst. Auch du selbst wirst
nicht glücklich werden.

38 Uneigennütziges Schenken

Wenn du gibst, ohne eine Gegenleistung zu erwarten, wird sich das Gesetz der Gnade in deinem Leben manifestieren. Wahres Schenken ist überquellende Liebe. Wenn du so gibst, hast du nicht das Gefühl, selbst leer zu werden. Vielmehr fühlst du dich gestärkt, weil deine Liebe durch die Dankbarkeit derer, die du damit angerührt hast, zu dir zurückkehrt.

39 Liebe deinen Feind

Dein Feind kennt deine Schwächen und er wird alles versuchen, sie auszunutzen. Wenn du einen Schwachpunkt hast, kannst du sicher sein, dass er ihn erkennt. Er oder sie wird dir genau zeigen, wo du Angst hast oder unsicher bist. Nur ein wahrer Gegner kann ein so effektiver Lehrer für dich sein.

Indem du lernst, deinen Feind zu lieben, zeigst du deine Bereitschaft, dich mit den dunklen Ecken in dir selbst zu konfrontieren. Dein Feind ist nichts als ein Spiegel, in den du hineinschaust, bis das wütende Gesicht, das du darin erblickst, allmählich anfängt zurückzulächeln.

40 Konflikte lösen

Frieden kehrt ein, wenn ihr euch gegenseitig liebt und respektiert. Wenn ihr die Menschenwürde jedoch mit Füßen tretet und einander für unwürdig haltet, sind Konflikte unausweichlich. Dann kann man nicht einmal mehr über die einfachsten Dinge reden. Wenn sich jeder von euch seinen Mitmenschen gegenüber rücksichtsvoll verhält und sie annimmt, wie sie sind, können selbst die schwierigsten Probleme gelöst werden.

41 Für sich selbst eintreten

Wenn ich dich dazu ermutige, gefühlloses, verletzendes und rücksichtsloses Verhalten dir oder anderen gegenüber nicht hinzunehmen, so bitte ich dich gleichzeitig, dies auf liebevolle Weise zu tun. Behandle diejenigen, die du zurechtweist, mit Respekt, denn auch sie sind deine Brüder und Schwestern.

42 Nein sagen und dennoch lieben

Du kannst zu den Forderungen der anderen "nein" sagen, ohne dich von ihnen abzuwenden. Vielleicht kannst du ihnen nicht geben, was sie sich wünschen, aber du wirst dennoch eine Möglichkeit finden, sie zu unterstützen, so dass am Ende alle zufrieden sind. So gehen Liebende miteinander um. Sie wissen, dass sie einander ebenbürtig sind. Sie wissen, dass die Bedürfnisse des einen nicht weniger wichtig sind als die des anderen. Beide brauchen die gleiche Wertschätzung und Rücksichtnahme.

43 Liebe deinen Peiniger

Es ist nicht der Mann, der die Hand gegen dich erhebt, sondern der kleine Junge, der sich überfordert fühlt, der Angst hat und auf Ablehnung stößt. Lass dich nicht verwirren von dem wütenden und geringschätzigen Blick des Mannes. Hinter seinem harten Äußeren verbergen sich unendlicher Schmerz und Selbstverurteilung. Unter der Maske falsch gelebter Männlichkeit und bösartiger Wut verbirgt sich der Junge, der nicht glauben kann, dass er geliebt wird.

Wenn du den kleinen Junge in diesem Mann nicht umarmen und annehmen kannst, wie kannst du dann den kleinen Jungen oder das kleine Mädchen in dir selbst umarmen und annehmen? Denn zwischen deiner Angst und der seinen gibt es kaum einen Unterschied.

44 Mit Liebe begegnen

Sich einer falschen Vorstellung zu widersetzen und darüber in Streit zu geraten heißt, ihr noch mehr Gewicht zu verleihen. Das ist der Weg der Gewalt. Mein Weg ist gewaltlos. Er ist schon die Antwort auf das Problem: demjenigen, der leidet, mit Liebe begegnen statt ihn anzugreifen. Das, was ich tue, stimmt mit dem überein, was ich erreichen möchte.

45 Kreuzigung

Wenn du dein Herz vor deinem Bruder verschließt,
so ist das, als würdest du ihn kreuzigen. Auferste-
hung ist, wenn du dich für ihn öffnest und lernst, ihn
so zu lieben wie dich selbst.

46 Die Freiheit der anderen

Indem du bedingungslos liebst, gibt du anderen die Freiheit, ihren eigenen Weg zu gehen, selbst dann, wenn du damit nicht einverstanden bist. Du vertraust darauf, dass sie die bestmögliche Entscheidung für sich treffen. Du weißt, dass sie niemals einen Fehler machen können, der sie von Gottes Liebe oder von deiner Liebe trennt.

47 Die Kraft des Annehmens

Die Liebe sagt: „Ich nehme dich so an, wie du bist. Du bist genauso wertvoll wie ich." Kannst du dir vorstellen, welche Kraft in einer solchen Aussage liegt? Jedem Menschen, dem du so etwas sagst, schenkst du Freiheit vom Leiden. Und indem du ihm diese Freiheit schenkst, schenkst du sie dir selbst.

48 Eine Partnerschaft eingehen

Dein Entschluss, eine Partnerschaft einzugehen, sollte nicht auf dem Wunsch basieren, den Blick auf dich selbst zu vermeiden, sondern vielmehr auf der Bereitschaft, diesen Prozess zu intensivieren. Eine Beziehung ist wie ein riesiger Bagger: Sie trägt die oberen Schichten unseres Bewusstseins ab, bis die tiefsten Ängste und Unsicherheiten unseres Ichs freigelegt sind. Wenn du nicht bereit bist, dich mit diesen Unsicherheiten und Ängsten zu konfrontieren, tätest du besser daran, deinen Wunsch nach einer engen Beziehung in Frage zu stellen. Es ist unmöglich, einem anderen Menschen nahe zu sein, ohne sich selbst zu erkennen.

49 Selbstbetrug

Das emotionale Hoch, das du in einer neuen Beziehung erlebst, verspricht mehr, als es halten kann. „Sich verlieben" heißt im Englischen falling in love („in die Liebe fallen"). Du kannst ziemlich sicher sein, dass du bald darauf das Gegenteil erlebst, wenn du „aus der Liebe heraus fällst". Allein der Begriff falling in love sollte dir sagen, dass es sich hier um Selbstbetrug handelt.

50 Dein Lebenspartner

Dein Lebenspartner sieht gewöhnlich anders aus, als du dir ihn vorgestellt hast. Er kommt weder auf einer Zauberwolke angeflogen noch ist er von Blitz und Donner umgeben. Eigentlich ist er oder sie – was Größe und Aussehen betrifft – überhaupt nicht perfekt. Wenn dir nur diese äußeren Dinge wichtig sind, wirst du das Wesen dieses Menschen nicht erkennen. Du musst herausfinden, was sich unter der Oberfläche verbirgt.

Dein Lebenspartner meint es ehrlich mit dir, ohne sich zu verstellen. Er oder sie ist nicht jemand, der dich mit großen Versprechungen und teuren Geschenken blendet, sondern dich einfach bei der Hand nimmt und dir ohne Angst in die Augen schaut.

51 Angst vor Nähe

Manche Menschen haben Angst zu lieben und geliebt zu werden. Wenn du zurückhaltend bist, fühlen sie sich sicher und sind gern in deiner Nähe. Sobald du ihnen zu nahe kommst, wird es ihnen zu eng und sie möchten mehr Abstand zu dir. Vielleicht wollen sie sogar, dass du dich ganz zurückziehst. Dieses emotional problematische Verhalten erlaubt solchen Menschen, Kontakte zu pflegen und trotzdem Nähe und Verbindlichkeit zu vermeiden. Wenn du in solch eine Beziehung geraten bist, musst du dich fragen, ob du vielleicht auch Angst hast, geliebt zu werden. Denn welche Gründe gibt es sonst für dich, dir einen Partner zu suchen, der zu ängstlich ist, dir Liebe zu geben?

52 Heirat

Zu heiraten heißt nicht, dass man sich verspricht, bis in alle Ewigkeit zusammenzubleiben. Niemand kann das garantieren. Es ist eher ein Versprechen, „jetzt" für den anderen dazusein – ein Gelübde, das man immer wieder erneuern muss, damit es seinen Sinn behält.

53 Den eigenen Garten bestellen

Mach dein Glück nicht abhängig vom Glück deines Partners. Das zieht euch nur beide herunter. Hege und pflege deinen eigenen Garten und schenke deinem Partner eine Rose, um ihn mit ihrem Duft zu erfreuen. Wenn du dich weigerst, deinen eigenen Garten zu bestellen, und dich obendrein darüber beklagst, dass dein Partner dir nie Rosen schenkt, wird sich keiner von euch beiden besser fühlen.

54 Wertschätzung

Wenn es dir und deinem Partner schwer fällt, euch gegenseitig wertzuschätzen, steuert eure Beziehung in eine Krise. Du musst diese Abwärtsspirale aufhalten, solange es noch möglich ist. Nimm dir Zeit, zu dir selbst zu kommen und dir bewusst zu werden, was eure Partnerschaft für dich bedeutet. Stelle dir diese Frage in deinem tiefsten Inneren. Suche nach Möglichkeiten, deinem Partner die Bestätigung zu geben, die er braucht, und bitte ihn in respektvoller Weise um die Wertschätzung, die du brauchst.

55 "Wir" Bewusstsein

Wenn es Liebe ist, die zwei Menschen verbindet, fragen sie immer: „Was werden wir tun?" und nicht: „Was werde ich tun?" Ihr wollt dann, dass es euch beiden in dieser Partnerschaft gut geht. Euch wird klar, dass ihr, wenn ihr alles teilt, über euer begrenztes Selbstinteresse hinauswachsen und den tieferen Sinn eurer Verbindung erfüllen könnt.

56 Einander vergeben

Vergebung ist das Erfolgsrezept einer jeder Beziehung. Vergebung macht, dass unvollkommene Menschen ganz und zerbrochene Partnerschaften gesund und stark werden. In einer solchen Beziehung lernst du, was es bedeutet, wahrhaft zu lieben.

57 Verletzungen durch die Eltern

Wenn du dich mit deinen Eltern versöhnt hast und sie als dir ebenbürtig erkennst, wirst du dich nicht mehr verändern wollen, um ihren Vorstellungen zu entsprechen. Auch wirst du nicht mehr erwarten, dass sie das tun, was du für richtig hältst. Und du wirst aufhören, die Botschaften, die du als Kind gehört hast, an deinen Partner oder deine Partnerin weiterzugeben. Als Mann wirst du in deiner Frau nicht mehr deine Mutter sehen und für sie den Ehemann spielen wollen. Und wenn du eine Frau bist, suchst du in deinem Partner nicht mehr den Vater.

58 Vater und Mutter

Vaterliebe macht dich mutig, Mutterliebe macht dich gefühlvoll und sanft. Mut brauchst du, wenn du Angst hast. Sanftheit ist es, die dein Herz öffnet und dich für andere empfänglich macht. Probleme mit dem Vater (dem Männlichen) führen dazu, dass es dir schwer fällt, deine Bestimmung im Leben zu erkennen und sie zu erfüllen. Probleme mit der Mutter (dem Weiblichen) werden es dir schwer machen, enge Liebesbeziehungen einzugehen.

59 Der Seelenpartner

Solange du nicht ehrlich und offen in all deinen Beziehungen bist, wirst du deinen Seelenpartner nicht finden. Du kannst ihn nicht finden, indem du andere im Stich lässt, sondern nur dadurch, dass du dich in all deinen Beziehungen gleich gut verhältst.

60 Die Geliebte/den Geliebten suchen

Wenn dein Leben authentisch ist und deine Erfahrungen eine innere Wahrheit geworden sind, zu der du dich bekennst, kannst du diese Wahrheit auch mit anderen teilen. Wenn du die Wahrheit jedoch außerhalb von dir selbst suchst und darauf wartest, von anderen erlöst und geliebt zu werden, wirst du immer wieder enttäuscht sein. Nur wenn du dich selbst achtest und liebst, wird der oder die Geliebte erscheinen. Jene, die glauben, sich verbiegen zu müssen, damit sie geliebt werden, erreichen damit nur das Gegenteil.

61 Liebe hat keine Form

Beziehungen nehmen ständig neue Formen an. Kinder wachsen heran und werden selbst zu Eltern; Eltern verlassen ihre Körper, um sich ins nächste Abenteuer zu begeben; Freunde ziehen an entfernte Orte; Liebespaare trennen sich. Das Wachstum geht immer weiter. Formen müssen kommen und gehen. Das ist die bittersüße Realität des Lebens. Wenn du dich an die Form klammerst oder die Liebe wegwirfst, nur weil ihre Form sich ändert, wist du unnötig leiden.

Lass zu, dass die Form sich auflöst, wenn es an der Zeit dafür ist, damit deine Liebe unbehindert fortbestehen kann. So kann Liebe, die an Bedingungen gebunden war, in bedingungslose Liebe verwandelt werden.

62 Eine Vereinbarung aufheben

Nicht jede Beziehung ist für ein ganzes Leben bestimmt. Manchmal hält sie nur ein paar Monate oder Jahre. Du hast viel gelernt – auch wenn die Zeit begrenzt war. Sich der Fehler zu schämen, die man in einer Partnerschaft gemacht hat, nützt niemandem.

Wenn eine Person sich nicht länger an eine Vereinbarung halten will, ist die Vereinbarung aufgehoben. Du kannst einen anderen Menschen nicht gegen dessen Willen festhalten. Wenn du es dennoch versuchst, vertreibst du die Liebe. Die Liebe überdauert die Aufhebung einer Vereinbarung, wenn du es zulässt. Indem du es nicht zulässt, betrügst du dich nur selbst.

63 Trennung

Es ist nicht leicht, eine Beziehung zu beenden oder sie in anderer Form weiterzuführen. Einfühlsamkeit auf beiden Seiten ist erforderlich, damit Heilung für beide Partner möglich wird.

Sei dankbar für das, was du im Zusammensein mit deinem Partner gelernt hast. Mach dir bewusst, warum es zu der Trennung gekommen ist, und übernimm die Verantwortung für das, was du dazu beigetragen hast. Gib weder dir selbst die Schuld noch dem anderen, sondern akzeptiere die Situation so wie sie ist. Keiner von euch ist schlecht oder hat alles falsch gemacht. Hör nicht auf, dich und deinen Partner zu lieben.

Die Heilung setzt nicht von heute auf morgen ein. Sie braucht Zeit und liebevolle Gedanken. Sei geduldig, sei mitfühlend und verzeihe. Behindere den Prozess der Heilung nicht, indem du verbittert und nachtragend bist.

64 Liebe und Freiheit

Liebe und Freiheit gehen Hand in Hand. Du kannst nicht lieben, wenn du keine Wahl hast. Die große Tragik besteht nicht darin, dass zwei Menschen beschließen, sich zu trennen. Das mag traurig sein, aber es ist nicht tragisch. Die wahre Tragik ist, dass ihr vielleicht nur deshalb zusammenbleibt oder euch trennt, weil ihr glaubt, keine andere Wahl zu haben. Wo Liebe ist, muss auch die Freiheit der Wahl sein.

65 Kontrolle

Die Liebe verringert sich in direktem Verhältnis zu deinem Bedürfnis, Kontrolle über sie auszuüben. Die Liebe kontrollieren zu wollen heißt, Bedingungen für etwas aufzustellen, für das es keine Bedingungen gibt. Wenn du es dennoch versuchst, erlebst du die Bedingungen, nicht die Liebe. Du begegnest der Form, nicht dem Inhalt.

66 Offenbarung

Setz dich einen Moment lang ruhig hin und versuche, dir selbst und anderen wirklich zu vergeben. Hör auf, Gleiches mit Gleichem zu vergelten. Halte deine Liebe nicht länger zurück und weise diejenigen nicht zurück, die dir mit Liebe begegnen.

Sei einfach präsent. Steh zu deinen Erfahrungen, ohne sie zu rechtfertigen. Akzeptiere die Erfahrungen der anderen und versuche nicht, sie ihnen streitig zu machen. Urteile nicht. Sitz einfach nur da und spüre den Segen, der von der Stille ausgeht. Nimm wahr, wie dein Schmerz vergeht und du plötzlich nicht mehr kämpfen musst, weil du aufgehört hast, über dein eigenes Leben und das der anderen zu urteilen.

Das ist der Beginn einer Offenbarung. Frieden kehrt ein, wenn du aufhörst zu urteilen. Sobald du aufhörst, nach Fehlern zu suchen, erfährst du, dass du von der Liebe des Universums getragen wirst.

67 Loslassen

Wirklich loslassen kannst du nur Menschen, die dir nahe stehen – nicht diejenigen, die dir fremd sind. Distanz zu schaffen ist nicht dasselbe wie Loslassen. Nur wenn du bereit bist, andere in dein Herz zu schließen, bist du auch fähig, sie loszulassen.

68 Deine Liebe gehört allen

Wenn du gelernt hast, einen Menschen genauso wertzuschätzen wie dich selbst, kannst du alle Menschen
auf diese Weise behandeln. Dann gibt es niemanden
mehr, der von deiner Liebe ausgeschlossen ist. Wahre Liebe macht keine Unterschiede. Für jeden hat sie
die gleichen Gedanken, Wünsche und Hoffnungen.

69 Das Leben ist ein Kunstwerk

Dein Leben ist ein Kunstwerk, um das du dich ebenso fleißig kümmern musst wie eine Biene, die Honig sammelt. Und denke daran: Arbeit, die ungern verrichtet wird, hat wenig Wert.

70 Vorlieben

Du hast nicht das Recht zu sagen, dass das, was der eine Mensch aus seinem Leben macht, weniger wertvoll ist als das, was ein anderer tut. Das einzige, was du sagen kannst ist, dass dir das eine besser gefällt als das andere. Jeder hat seine Vorlieben. Glücklicherweise hat Gott keine Vorlieben – weder deine noch die eines anderen. Gott hört jedem Menschen zu, wenn er seine Geschichte erzählt. Seine Aufmerksamkeit gilt jedem von uns.

71 Die Gabe annehmen

Welche Gabe du auch hast, um andere damit zu beschenken, sie ist vollkommen. Es spielt keine Rolle, ob es das ist, was du zu haben glaubtest oder gern gehabt hättest. Wenn du deine Begabung annimmst, wird sich der Sinn und Zweck deines Daseins offenbaren. Dann wirst du erkennen, wie jede Lektion, die das Leben dir erteilt hat, jedes Problem und jeder Augenblick, in dem du gelitten hast, absolut notwendig war, damit du dieses Geschenk entgegennehmen konntest.

72 Eindeutige Gaben

Gott verteilt keine fragwürdigen Gaben. Oft kannst du die Bedeutung eines Geschenks, das er dir gemacht hat, erst erkennen, wenn du es benutzt. Gottes Geschenke befriedigen zwar nicht dein Ego, aber sie helfen dir, deine wahre Natur und deine Bestimmung auf Erden zu erkennen. Manchmal scheint sich eine Tür vor dir zu verschließen und du verstehst nicht warum. Erst wenn sich die richtige Tür öffnet, weißt du, weshalb die falsche Tür verschlossen blieb.

73 Was dir wichtig ist

Was dir wirklich wichtig ist, genießt deine volle Aufmerksamkeit. Du nährst und bewässerst es und bringst es zur vollen Blüte. Das geschieht nicht über Nacht und nicht genauso, wie du es wolltest. Auch nicht dann, wenn du meinst, jetzt wäre der richtige Zeitpunkt gekommen. Es entfaltet sich durch dein Engagement, deine Beharrlichkeit und deine Hingabe. Was du liebst, wird auch gedeihen. Es bekommt Wurzeln und Flügel.

74 Deine Gaben zurückhalten

Die Gaben, die dir in diesem Leben geschenkt wurden, gehören dir nicht allein. Sie gehören allen. Sei nicht so selbstsüchtig, sie für dich behalten zu wollen. Überlege dir einmal, wie inhaltslos dein Leben wäre, wenn die anderen um dich herum ihre Begabungen für sich behielten. All die wunderbaren Dinge – Musik, Dichtung, Filme, Sport und auch das Lachen – gäbe es nicht mehr, würden die anderen dir ihre Gaben vorenthalten.

Behalte auch du deine Gaben nicht für dich und begehe nicht den Fehler zu glauben, du wärest leer ausgegangen und hättest nichts zu geben.

75 Die Suche nach Anerkennung

Die Suche nach Anerkennung entspringt einem Mangel an Selbstwertgefühl. Wenn du dich selbst nicht für wertvoll hältst, suchst du nach Bestätigung von außen. Unglücklicherweise sind deine Mitmenschen nicht immer in der Lage, dir die gewünschte Anerkennung zu geben.

Wenn du von anderen Wertschätzung erwartest, damit dein eigenes Selbstvertrauen wachsen kann, zäumst du das Pferd von hinten auf. Du musst zunächst lernen, dich selbst zu lieben und wertzuschätzen. Dann kommt die Anerkennung der anderen ganz von allein.

76 Deine Gabe nähren

Wie sehr du auch darauf bedacht sein magst, mit deiner Gabe "groß herauszukommen", zunächst musst du dir Zeit nehmen, sie zu nähren und an ihr zu arbeiten. Suche dir einen guten Lehrer. Singe für deine Freunde und Familienmitglieder. Riskiere zunächst wenig – später kannst du dann größere Wagnisse eingehen. Allmählich werden sich deine Fähigkeiten verbessern und dein Selbstvertrauen wird wachsen. Dann werden dir immer mehr Menschen zuhören, ohne dass du dich darum bemühen musst.

Glückliche Menschen geben ihre Gaben stets weiter und bringen sie überall zum Ausdruck, wo ihnen das Leben eine Gelegenheit dazu bietet. Menschen, die mit sich selbst unglücklich sind, halten ihre Gaben zurück und warten darauf, dass das Leben ihnen perfekte Bedingungen bietet.

77 Authentizität

Wenn du dir selbst treu bist, wirst du weder versuchen, den Erwartungen deiner Mitmenschen zu entsprechen, noch wirst du die Rückmeldungen, die von ihnen kommen, ignorieren.

Dein Wunsch nach Bestätigung verhindert, dass du dich so gibst, wie du bist, dich lieber unterwürfig verhältst und dich dauernd für alles entschuldigst. Dein Bedürfnis, andere zu schockieren und zu verletzen, stößt deine Mitmenschen vor den Kopf und macht gute Gespräche und wirkliche Nähe unmöglich.

Authentischer Selbstausdruck ist weder offensiv noch unterwürfig. Er ist einfach nur glaubwürdig und lädt zum Dialog ein. Er baut Brücken des Verstehens zwischen den Menschen.

78 Das strahlende Selbst

Wenn andere sehen, wie kompromisslos du mit dir umgehst, werden sie sich zu dir hingezogen fühlen oder dir so schnell wie möglich aus dem Weg gehen. Grauzonen entstehen aus deiner Zwiespältigkeit heraus – deiner Tendenz, etwas haben und es gleichzeitig loswerden zu wollen. Sie liegen zwischen ja und nein, zwischen dem Wunsch, sich aus ungesunden Abhängigkeiten zu lösen, und dem neurotischem Kuhhandel um Liebe, zwischen teilnahmslosem und überkritischem Verhalten.

Deine Entschlossenheit, deinen Traum nicht nur zu träumen, sondern auch zu leben, bringt die Mauern der Angst, die dich umgeben, zum Einstürzen. Es ist so einfach. Alles, was dann geschieht, ist die natürliche Konsequenz aus dem ersten "Ja", das in der Stille deines Herzens ausgesprochen wurde.

79 Spirituelle Arbeit

Wenn dir deine Arbeit keinen Spaß macht, wenn du in dem, was du tust, deine ureigenen Fähigkeiten und Begabungen nicht zum Ausdruck bringen kannst und wenn deine Arbeit auch anderen nicht zur Erbauung dient, ist sie nicht spirituell. Spirituelle Arbeit erkennst du daran, dass sie Freude bereitet und dich und andere glücklich macht. Die Mittel stimmen mit dem überein, was du erreichen möchtest. Weg und Ziel sind ein und dasselbe.

80 Opfer und Gier

Betrüge dich nicht selbst, indem du dich für andere aufopferst. Betrüge andere nicht, indem du die Gier zum Motiv für dein Handeln machst.

Versage dir nicht, was du für ein Leben in Würde benötigst. Nimm dir aber auch nicht mehr als du brauchst. Weder bringt Armut die Erlösung noch ist materieller Reichtum ein Garant für Glück.

81 Hingabe

Wenn du herausgefunden hast, was deine Lebensaufgabe ist, dann besteht das größte Hindernis auf dem Weg zu ihrer Erfüllung in dem Versuch, geradewegs darauf zusteuern zu wollen. Du kannst ein spirituelles Werk nicht zum Erfolg zwingen. Wenn du es dennoch versuchst, wirst du scheitern.

Spirituelle Arbeit erfordert Hingabe, während weltliche Arbeit die Illusion der Kontrolle braucht. Wenn du deinen Wunsch nach Kontrolle aufgibst, kann jede Arbeit spirituell werden. Doch sobald du versuchst, die Richtung zu bestimmen, werden die meisten deiner spirituellen Vorhaben scheitern.

82 Spiritueller Lohn

Gott belohnt spirituelle Arbeit nicht unbedingt mit materiellem Erfolg. Es sind gleichfalls spirituelle Dinge, die Er uns schenkt: Glück, Freude, Mitgefühl, Frieden und Sensibilität gibt Gott demjenigen, der rechtschaffen lebt.

Du musst endlich begreifen, dass sich spiritueller Reichtum nicht mit weltlichen Maßstäben messen läßt. Es ist ein Fehler zu glauben, dass die Erfüllung deiner Lebensaufgabe etwas mit der Höhe deines Kontostands zu tun hat. Andererseits ist es auch falsch zu glauben, man müsse arm sein, um Gott dienen zu können.

Es spielt keine Rolle, wie viel du in deinen Händen hältst. Es kommt einzig und allein darauf an, dass du deine Hände ausstreckst, um deinem Bruder oder deiner Schwester zu helfen.

83 Engagement

Ein Ziel zu haben bedeutet noch gar nichts, solange du dieses Ziel nicht mit ganzer Kraft verfolgst. Wenn du nicht bereit bist, deine Zeit, deine Energie und deine Aufmerksamkeit für die Verwirklichung deiner Ziele einzusetzen, werden deine Träume wohl kaum wahr werden.

Wenn du wirklich ehrlich zu dir selbst bist, dann weißt du auch, dass dich niemand daran hindert, deine Ziele zu erreichen. Niemand kann deine Träume zerstören – nur du selbst.

84 Eindeutige Wünsche

Wenn du „nein" sagst, weil du etwas nicht willst, und „ja", weil du es wirklich möchtest, wirst du ohne größere Schwierigkeiten so leben können, wie du es dir wünschst. Schwierig wird es nur, wenn du nicht weißt, was du willst oder wenn du den Wünschen deines Herzens nicht traust.

Nimm dir Zeit herauszufinden, was du wirklich willst. Eindeutige Wünsche machen dich kreativ, ohne dass du dich sonderlich dafür anstrengen musst.

85 Mit-Schöpfung

Alle Schöpfung ist in Wirklichkeit Mit-Schöpfung. Du bestimmst, was du willst, setzt dich dafür ein, bewegst dich darauf zu – und die Gelegenheiten, die du zur Verwirklichung deines Zieles brauchst, tun sich vor dir auf. Du musst natürlich die Augen offen halten. Du musst deine Erwartungen immer wieder loslassen und bereit sein, die sich dir bietenden Chancen zu sehen, aber du musst sie nicht produzieren. Sie ergeben sich ganz von selbst.

Eines der größten „Aha-Erlebnisse" auf dem spirituellen Weg ist die Erkenntnis, dass du dein Leben nicht „geschehen machen" musst. Es geschieht von selbst.

86 Die Wahrheit in dir

Du kannst nicht froh und glücklich werden, wenn du dich nach den Träumen und Plänen anderer richtest. Freude kannst du nur erfahren, wenn du deiner inneren Stimme vertraust und ihr folgst.

87 Das Licht in anderen sehen

Beschäftige dich nicht mit der Dunkelheit in den Herzen der Menschen, denn sie ist nicht das Eigentliche. Schau lieber auf das Gute, das in jedem Wesen verborgen liegt.

Konzentriere dich nicht auf Unzulänglichkeiten und auf das, was verändert werden sollte, sondern lieber auf das, was immer schon da war und niemals weggenommen werden kann.

Weil du nicht nach Schwachstellen suchst, kannst du den Menschen helfen, ihre Stärken zu entdecken. Weil du keine Wunden bloßlegst, kann du ihnen helfen, dankbar zu sein.

88 Heile dich selbst

Es ist nicht deine Aufgabe, andere Menschen zu heilen. Heile dich lieber selbst. Dein Heilsein gehört dann nicht nur dir – es gehört allen Menschen.

Ein wahrer Heiler weiß, dass er fähig ist, ohne Schuld und Konflikte zu leben und dass er auch keinen anderen Menschen beschuldigen oder verurteilen muss. Glaube an diese Kraft in dir, und du wirst Wunder tun wie ich Wunder getan habe.

89 Dein Auftrag zu lieben

Wenn du gelernt hast, dich selbst zu lieben, kommt du gar nicht umhin, auch die anderen zu lieben. Es geschieht ganz von selbst.

Du kannst unendlich viel Liebe geben und empfangen. In einem ständigen Kreislauf geht die Liebe von dir aus und fließt wieder zu dir zurück. Wie Wellen, die sich am Ufer brechen und wieder ins Meer zurückfließen – so verläßlich und beständig sind die Gezeiten der Liebe. Jeden Strand benetzen sie mit ihrem Segen.

Liebe ist nichts, was du „machst". Liebe ist etwas, das du bist. Jetzt, in diesem Augenblick bist du die Verkörperung der Liebe. Nicht weniger als das.

90 Liebe ist geduldig

Als ich den Ruf hörte, folgte ich ihm. Nun hörst auch du den Ruf, und wohin du auch gehst, wird die Liebe dich begleiten. Sie geht mit deinen Beinen, berührt mit deinen Händen, spricht mit deiner Stimme und sieht mit deinen Augen.

Die Aufgabe, vor der du stehst, ist einfach: „Alles, was nicht aus Liebe geschieht, braucht Vergebung." Vergeben bedeutet, eine unvollkomme Welt mit der Geduld der Liebe zu segnen.

91 Du bist die Tür

Wenn du Gott in deinem Herzen Raum gibst, bringt Er den Fremden an deine Tür. Wenn ihr Gott in eurer Gemeinde Raum gebt, bringt Er die Ausgestoßenen und Entrechteten in den geschützten Raum eurer Kirche.

So wirkt Gottes Geist. Wenn du Liebe zu verschenken hast, werden diejenigen, die deiner Liebe bedürfen, dich finden. Durch deine liebevolle Präsenz finden sie den Weg zu Gott.

92 Die einzige Frage

Nur eine Frage möchte ich dir stellen: „Bist du jetzt in diesem Moment glücklich?" Wenn du mit „ja" antwortest, bist du bereits im Himmel. Lautet deine Antwort jedoch „nein", dann frage ich dich: „Warum nicht?"

Jetzt gibst du mir vielleicht eine dreißig Seiten lange Erklärung, warum du unglücklich bist, aber ich frage einfach weiter: „Warum bist du nicht glücklich?" Früher oder später wirst du erkennen, dass sämtliche Gründe dafür, dass du unglücklich bist, in der Vergangenheit liegen.

Ich kann dich nur noch einmal fragen: „Warum nicht jetzt?" Ich bin weder an deiner Vergangenheit interessiert noch an deiner Zukunft.

93 Die Saat des Glaubens

Grabe tief im Garten deines Glaubens und du wirst die Stimme der Wahrheit hören. Das wird dir helfen, dein Herz für die Liebe zu öffnen. Es spielt keine Rolle, welcher religiösen Tradition du angehörst. Du musst nur den Samen finden, ihn aus der Schote lösen und dafür sorgen, dass er in deinem Leben aufgeht.

Es geht darum, dass du zu den wichtigsten Lehren deines Glaubens vordringst, zu jener Essenz, die dich mit der Liebe verbindet, und dass du diese Essenz an deine Kinder weitergibst. Nur so kann eine Tradition lebendig bleiben.

Ein dürrer Baum trägt keine Früchte. Eine Religion, deren Anhänger nicht lieben können, hat keine Zukunft.

94 Sekten

Sekten gedeihen auf dem fruchtbaren Boden, den die Unsicherheit ihrer Mitglieder bereitet. Als Zeichen ihrer spirituellen Hingabe verlangt man von den Neuaufgenommenen, sich der autoritären Struktur der Sekte zu unterwerfen.

Hierarchische, in sich geschlossene Glaubenssysteme versprechen Shangri-La und bieten ein Gefängnis. Sie versprechen die Befreiung von allem Leid und praktizieren körperlichen und seelischen Missbrauch. Du kannst nicht verhindern, dass Menschen in solche Strukturen hineingezogen werden, aber du kannst ihnen deine Hilfe anbieten, wenn sie sich daraus befreien wollen.

95 Liebe, nicht Zustimmung

Das Akzeptieren von Unterschieden ist eine wesentliche Voraussetzung dafür, dass sich alle Mitglieder einer Gruppe sicher und geborgen fühlen. Menschen müssen nicht unbedingt an dieselben Dinge glauben, um sich spirituell miteinander verbunden fühlen zu können. Verbundenheit entsteht dadurch, dass wir den anderen akzeptieren, anstatt ihn kritisch zu beurteilen. Verbundenheit erwächst aus der Bereitschaft, Liebe zu geben und auf Urteile zu verzichten. Liebe nicht Zustimmung muss das Band sein, das eine Gemeinschaft zusammenhält.

96 Unterschiede tolerieren

In einer Gesellschaft, die verschiedene Meinungen und Ansichten toleriert, sind Gleichberechtigung und Liebe nicht nur Worte, sondern gelebte Realität. Allen die gleiche Chance zu geben heißt, dass jede Meinungen angehört und jede Sichtweise bedacht werden muss. Der Weg zur Wahrheit war immer schon ein steiniger Weg und ganz sicher keiner, auf dem man mit schlauer Berechnung vorankommt.

97 Heilsame Gemeinschaft

Eine lebendige Kirche ist eine therapeutische, heilsame Gemeinschaft ohne Therapeuten und Heiler. Hier wirst du gebeten, den Weg freizumachen und auf die Heilkraft des Geistes zu vertrauen. Denn indem du versuchst, selbst zu heilen und in deinem eigenen Namen zu lehren, stiftest du nur Verwirrung, rufst Ängste hervor und vermehrst nicht nur deine eigene Schuld, sondern auch die der anderen.

Eine lebendige Kirche bietet keine Techniken an, die zur Heilung oder sogar zur Erlösung führen. Aber sie stellt einen sicheren Raum zur Verfügung, in dem du deine Erfahrungen mit anderen teilen kannst. Sie bittet dich, dich am Ausbau dieses sicheren Raumes zu beteiligen, indem du sanft und freundlich mit anderen umgehst. Das ist alles. Und das ist genug Arbeit für ein ganzes Leben.

98 Offenes Herz, offener Geist

Du kannst nicht von geistiger Offenheit reden, solange du Dogmen predigst. Indem du vorgefertigte Antworten gibst, manipuliert du andere und versuchst, sie zu kontrollieren. Gib ihnen lieber die Möglichkeit, ihre Fragen zu stellen, und suche gemeinsam mit ihnen nach Antworten, die ihnen gerecht werden.

Du kannst auch nicht behaupten, du hättest ein offenes Herz, solange du bestimmte Menschen aus der Gemeinschaft ausschließt und andere bevorzugst. Menschen öffnen ihr Herz, wenn sie sich als gleichberechtigt in die Gemeinschaft aufgenommen fühlen. Nichts verschließt Herzen schneller als das Gefühl, um Zuwendung und Aufmerksamkeit kämpfen zu müssen.

99 Ein geschützter Raum

Die Praxis des freiwilligen Bekennens bringt eine Gemeinschaft hervor, in der Gleiche unter Gleichen sind. Keiner ist „spiritueller" als der andere. Jeder hat seine eigenen Ängste und Vorurteile und möchte sie loslassen.

Ein heiliger Raum entsteht, wenn die Mitglieder einer Gemeinschaft ihr Ego liebevoll umarmen. In diesem Raum kann jede Regung der Angst liebevoll akzeptiert und losgelassen werden. Und Herz und Geist schließen sich nur, um sich danach noch weiter für die Gegenwart der Liebe zu öffnen.

100 Wahre Liebe

Wahre Liebe ist bedingungslos. Sie schließt niemanden aus – aus welchem Grund auch immer. Wenn du so liebst, siehst du mehr im anderen als nur das Oberflächliche, Vordergründige, weil du zutiefst davon überzeugt bist, dass jeder Mensch den göttlichen Funken in sich trägt.

Wahre Liebe will nicht festhalten, kontrollieren oder unterwerfen, sondern den anderen befreien, seine Kräfte stärken und ihn ermutigen, seinen eigenen Weg zu gehen.

Manche Menschen reden von Liebe, aber in Wirklichkeit bauen sie eine Mauer um sich herum auf, an der die Liebe abprallt. Sie vermitteln den Eindruck zu lieben, aber sie lieben nicht wirklich, denn wahre Liebe würde ihre Mauer zum Einstürzen bringen.

101 Mangelbewusstsein

Mangelbewusstsein entspringt der Vorstellung, dass man es nicht wert ist, geliebt zu werden. Ein solche Vorstellung projiziert den inneren Mangel nach außen. Wenn du die Erfahrung des Mangels machst, so bedeutet dies nicht, dass Gott dich bestraft. Sie zeigt dir lediglich ein Glaubensmuster auf, das korrigiert werden muss.

Fülle kommt nicht in dein Leben, weil du dir irgendeine Beschwörungsformel oder irgendeinen Hokuspokus gemerkt hast, sondern weil du gelernt hast, Liebe in die verwundeten Bereiche deiner Psyche fließen zu lassen. Liebe heilt jede Wahrnehmung von Mangel und Getrenntsein und stellt die ursprüngliche Wahrnehmung der Ganzheit und der Freiheit von Scham oder Schuld wieder her.

102 Reichtum

Im Gegensatz zur landläufigen Vorstellung hat Reichtum nichts damit zu tun, dass man eine Menge Geld oder materielle Dinge besitzt. Reichtum bedeutet, dass du hast, was du brauchst, dass du es weise nutzt und dass du das, was du nicht für dich selbst brauchst, an andere weitergibst. Dein Leben ist im Gleichgewicht und du bist ausgeglichen und integer. Du hast nicht zu viel, aber auch nicht zu wenig.

Ein reicher Mensch hat nicht mehr und nicht weniger, als er verantwortlich und produktiv nutzen kann. Er versucht nicht besessen, das, was er hat, zu schützen oder nach etwas zu streben, das er nicht braucht. Er ist zufrieden mit dem, was er hat, und bereit, alles, was Gott in sein Leben bringt, zu empfangen und weiterzugeben.

103 Das Gesetz der Energie

Wenn du liebst, wirst auch du geliebt, denn die Liebe kehrt immer zu ihrem Ausgangspunkt zurück. Wenn du Liebe forderst, wird man auch von dir Liebe fordern.

Was du säst, das wirst du ernten. Energie bewegt sich in einem Kreislauf. Was von dir wegfließt, kehrt zu dir zurück, um erneut von dir wegzufließen. Du bekommst, was du gibst, und gibst, was du bekommst. Wenn du das erkannt hast, fällt das ganze Schachspiel in sich zusammen. Das Rätsel ist gelöst.

104　Der Plan des Egos

Der Plan deines Egos sieht vor, dass du Menschen und Ereignisse manipulieren kannst, um deine Ziele zu erreichen. Das ist selbstsüchtig und kurzfristig geplant. Dieser Plan ist deshalb nicht gut, weil er das Wohl der anderen nicht berücksichtigt und du dir am Ende selbst damit schadest.

Wenn du jemanden um etwas bringst, worauf er oder sie Anspruch hat, verlierst du nicht nur das, wovon du dachtest, du würdest es gewinnen; du verlierst auch noch das, was du bekommen hättest, wenn du weniger selbstsüchtig gehandelt hättest. Jeder Versuch, durch egoistisches Verhalten etwas zu erreichen, führt schließlich zu Verlust und Niederlage, weil egoistisches Handeln nicht von der Energie des Universums unterstützt wird.

105 Gnade oder Kampf

Gnade wird dir zuteil, wenn du dich mit den Gegebenheiten abfindest. Kämpfen musst du, wenn du das, was ist, wegschiebst oder versuchst, etwas anderes daraus zu machen. Du erfährst Gnade, wenn du die Dinge akzeptieren kannst. In Kampf wirst du verwickelt, wenn du sie ablehnst.

Gnade ist nichts, was jedem von uns ständig zur Verfügung steht. Wie weit offen dein Herz auch sein mag – es wird Zeiten geben, in denen es sich vor Angst zusammenzieht. Damit musst du rechnen. Gnade kommt und geht. Ausgeglichenheit stellt sich ein und geht wieder verloren.

All das gehört zum Tanz des Lebens. Und weil dieser Tanz niemals so ist, wie du es erwartet hast, solltest du bereit sein, mit allem zu tanzen, was auf dich zukommt. Wenn Kampf da ist und du auch mit ihm tanzt, wird die Gnade schließlich zu dir zurückkehren.

106 Nicht gegen den Wind

Wenn die richtige Situation für ein Ereignis gekommen ist, wird es auch eintreffen, ohne dass du dich sonderlich darum bemühen musst. Wenn die Bedingungen jedoch nicht stimmen, werden selbst große Anstrengungen nicht zum Erfolg führen.

Wie ein Baum, der mit dem Sturm tanzt, so musst auch du dich mit dem Wind bewegen und nicht gegen ihn. Es ist gut, wenn du deine Bedürfnisse kennst, aber du solltest dem Leben erlauben, sie so zu befriedigen, wie es für dich am besten ist. Bestehe nicht darauf, dass deine Wünsche auf eine ganz bestimmte Weise erfüllt werden. Der Baumstamm zersplittert, wenn er versucht, dem Sturm zu widerstehen.

Zwinge dein Leben nicht und versuche nicht, Dinge „geschehen zu machen", deren Zeit noch nicht gekommen ist.

107 Dein wahres Wesen erkennen

Wenn du dich ungeliebt fühlst, unwürdig oder von anderen abgeschnitten, dann hast du die Verbindung zu deinem wahren Wesen verloren, das von Grund auf liebevoll und liebenswert ist. Wenn du mit dieser deiner Essenz in Kontakt bist, weißt du, dass du genau so angenommen wirst, wie du bist. Es gibt nichts an dir (oder an irgendjemandem sonst), das verändert oder in Ordnung gebracht werden müsste. Um dein wahres Wesen erkennen zu können, musst du aufhören, dich selbst zu verurteilen und andere zu kritisieren.

108 Buddhas Fenster

Beziehe in einer Auseinandersetzung keine einseitige Position. Lerne, beide Seiten anzunehmen und arbeite dich zur Mitte vor. Die beiden Extreme spiegeln einander. In jedem Konflikt haben die Kontrahenten die gleiche Lektion zu lernen.

Es gibt nur einen Weg zur Freiheit. Buddha nannte ihn den mittleren Weg, den Weg zwischen den Extremen. Du kannst ihn nicht gehen, solange du parteiisch bist.

Wenn du die Auseinandersetzung beobachten kannst, ohne Partei zu ergreifen, wenn du dich in der Mitte des Schlachtfeldes aufhalten kannst, ohne irgendjemanden anzugreifen, dann bist du da angekommen, wo der Lotos blüht. Du bist durch den Schleier geschlüpft. Du bist kein Objekt mehr, welches das Licht blockiert, sondern ein Fenster, durch das es hindurchscheinen kann.

109 Den Schleier lüften

Gott ist im Innern. Er ist nicht in dem, was sich dir als Leben präsentiert. Das ist nur der Schleier. Um die Wahrheit erkennen zu können, musst du den Schleier lüften.

Wenn du Gott nicht in deinem eigenen Herzen suchst, erfährst du vielleicht dein ganzes Leben lang nicht ein einziges Mal, dass es Ihn wirklich gibt. Darüber kannst du verbittert, nachtragend oder wütend werden.

Kehr um. Mach dich auf den Weg zu Gott. Finde diesen Ort in dir, wo bedingungslose Liebe wohnt.

Doch das kannst du nicht tun, solange du andere beschuldigst und selbst unzufrieden und bekümmert bist. Auch kannst du diesen Ort nicht finden, solange du dich schuldig fühlst und dich für die Fehler, die du gemacht hast, selbst bestrafst. Hör auf, dich und andere zu verurteilen. Nur mit offenen Armen kannst du Gott entgegengehen.

110 Deine Beziehung zu Gott

Gott offenbart sich auf einzigartige Weise in deinem Leben. Übernimm nicht die Vorstellungen, die andere von Gott haben, und glaube nicht, dass irgendjemand mehr spirituelles Wissen hat als du selbst. Pflege deine Beziehung zu Gott auf direktem Wege. Geh in die Stille deines eigenen Herzens. Bitte im Gebet um Führung. Tritt in einen Dialog und sei offen für die Antworten Gottes, die aus deinem Innern kommen, und für die Zeichen, die Er dir schickt. Du kannst absolut sicher sein, dass alles, was dir Angst macht, nicht von Gott kommt.

111 Die höchste Wahrheit

Nicht Konformismus sondern ein authentisches Leben führen dich zur Ganzheit. Wenn du den Mut hast, du selbst zu sein, wirst du die höchste Wahrheit erkennen. Und indem du diese Wahrheit in dir selbst entdeckst, wirst du feststellen, dass sie auch in jedem anderen Menschen verborgen liegt.

112 Nichts vorschreiben

Freiheit stellt sich ein, wenn du jede Form von äußerer Autorität ablehnst und auch selbst keine Autorität für andere sein willst. So paradox es klingen mag: In diesem Moment verwandelt sich das kleine Ich in das wahre Selbst.

113 Die Überzeugungen, die du annimmst

Du allein bist am Ende für das verantwortlich, was du glaubst. Auch wenn dich jemand noch so sehr belügt, liegt es in deiner Verantwortung, ihm zu glauben oder nicht. Verschwende also deine Zeit nicht damit, den Autoritäten, auf die du hören wolltest, die Schuld zu geben.

Früher oder später passiert es jedem, dass er seine Macht an andere abgibt, nur um zu lernen, wie man sie sich wieder zurückholt. Das ist eine wichtige Lektion auf dem spirituellen Weg. Sei dankbar, wenn du diese Lektion lernen durftest. Dadurch bist du deiner eigenen Wahrheit näher gekommen. Und wenn du deiner eigenen Wahrheit näher bist, bist du Gott näher, der universellen Wahrheit.

114 Die Autorität des Herzens

Wahre Autorität ist selbstgenügsam und felsenfest. Sie findet das größte Glück, ohne anderen zu schaden.

Die wahre Autorität des Herzens muss sich nicht selbst aufgeben, um anderen zu gefallen. Auch wird sie ihr Glück nicht auf Kosten anderer suchen. Sie ist zufrieden mit dem, was sie ist, und erlaubt anderen zu sein, was sie sind.

115 Schau deinen Ängsten ins Gesicht

Du musst durch deine eigene Dunkelheit gehen, bevor du ein Lichtträger sein kannst. Ein Lichtträger verleugnet die Dunkelheit nicht, sondern geht mitten durch sie hindurch.

Wenn es nichts mehr an dir selbst oder irgendjemand anderem gibt, das zu betrachten du dich fürchtest, hat die Dunkelheit keine Gewalt mehr über dich. Dann kannst du durch die Dunkelheit gehen und selbst das Licht sein.

Woher kommt dieses Licht? Es kommt von dir. Sobald du aufhörst, dich als Opfer zu sehen und bereit bist, deinen Ängsten ins Gesicht zu schauen, wird es hell um dich werden. Wenn du dich selbst segnen kannst, wird eine Welle der Vergebung von dir ausgehen.

116 Der Himmel auf Erden

Wann kommt das Himmelreich auf die Erde? Sobald du bereit bist, dein Herz zu öffnen und durch deine Ängste hindurchzugehen. Wann kommt der Messias? Er kommt nicht irgendwann, sondern jetzt.

Verlege die Erlösung nicht in eine ferne Zukunft, sonst kommt sie nie. Bitte jetzt darum. Nimm sie jetzt an. Das Reich Gottes manifestiert sich nur in diesem Moment.

Wann kommt der Himmel auf die Erde? Wenn dieser Moment genug ist. Wenn dieser Ort genug ist. Wenn dieser Freund genug ist. Wenn du die Ereignisse und die Gegebenheiten akzeptierst. Wenn du nichts anderes verlangst, als das, was du jetzt hast.

117 Wunder

Wunder geschehen ganz spontan, wenn dein Herz offen ist und dein Verstand aufgehört hat, wissen oder kontrollieren zu wollen.

118 Gottes Plan

Gott verlangt nicht, dass du deinen Verstand aus-
schaltest und dich nur auf deinen Glauben verlässt.
Er bittet dich um etwas viel Einfacheres: „Urteile
nicht mehr. Hör auf, nach Fehlern zu suchen. Versuche nicht, das Leben deiner Vorstellung von der Realität anzupassen."

Wenn du dein Leben einmal ohne die Grenzen
erlebst, die du ihm normalerweise setzt, lösen sich
deine Probleme wie von selbst. Beziehungen entspannen sich, denn du durchkreuzt Gottes Plan nicht
länger.

Was ist Gottes Plan? Er sieht Heilung, Versöhnung,
begeisterten Selbstausdruck und liebevolle Gemeinschaft mit anderen für dich vor. Es ist Gottes Plan,
immer und überall Wunder geschehen zu lassen.

119 Für Wunder offen sein

Visualisierung kann sehr kraftvoll sein. Sie kann deine Wahrnehmung verändern und zu deiner Heilung beitragen. Aber ich rate dir nicht, dich auf die Gleise zu legen und zu visualisieren, wie sich der Zug entfernt, während er mit einer Geschwindigkeit von hundert Stundenkilometern auf dich zugerast kommt.

Wunder haben nichts mit dem Versuch zu tun, die physische Realität zu manipulieren. Das ist ein Werk des Egos.

Wunder geschehen, wenn du dich dem auslieferst, was dir widerfährt, und in jedem Augenblick deines Lebens mit dem Plan, den Gott für dich hat, einverstanden bist. Es ist nicht deine Aufgabe, die physische Realität zu verändern. Vielmehr geht es darum, dass du in dieser Realität voll und ganz präsent bist.

120 Die Tür ist nicht wichtig

Wenn du liebevoll mit anderen umgehst, werden Menschen durch dich zu ihrem wahren Selbst finden. Es spielt keine Rolle, wer die Tür ist. Ich kann sie sein. Du kannst sie sein. Auch ein anderer Bruder oder eine andere Schwester kann diese Tür sein. Die Tür ist nicht so wichtig.

Wenn die Tür im Mittelpunkt steht, ist sie keine Tür mehr. Wenn man den Finger festhält, der auf den Mond zeigt, weiß man nicht mehr, worauf er uns eigentlich aufmerksam machen wollte.

121 Das Ergebnis offen lassen

Wer bedingungslos liebt, fragt niemals, was er damit erreicht. Menschen kommen und gehen und du weißt nicht weshalb und wozu. Du glaubst, dass einige von ihnen mühelos durch das Tor gehen, doch dann stellst du fest, dass sie sich plötzlich abwenden. Du bist überzeugt, dass andere nie auch nur in die Nähe des Tores gelangen, doch dann gehen gerade sie mit unerwarteter Leichtigkeit hindurch.

Mach dir darüber keine Gedanken. Es ist nicht deine Sache zu entscheiden, wer kommt und wer geht. Der Bund wird in jedem Herzen geschlossen und nur Gott weiß, wer bereit ist und wer nicht.

122 Die Flamme, die nicht erlischt

Suche nicht außerhalb von dir selbst nach Antworten. Flüchte dich nicht in fremde Meinungen und Über- zeugungen. Gib all das auf und suche den Ort, wo die Liebe beginnt, in deinem eigenen Herzen.

Wenn der Funke in deinem Herzen Nahrung bekommt, wird er zu einer Flamme, die nie erlischt. Was immer du aus Liebe zu dir selbst und anderen tust, nährt diese Flamme und verwandelt sie in ein loderndes Feuer, in eine Quelle der Wärme und des Lichts für alle, die in ihre Nähe kommen.

123 Sich auf Gott besinnen

Ich verlange nicht, dass du jeden Tag eine Stunde lang betest oder meditierst, auch wenn dagegen nichts einzuwenden ist. Ich bitte dich lediglich, fünf Minuten einer jeden Stunde Gott zu widmen oder Ihm jeden zehnten Gedanken zu schenken. Neun Gedanken mögen sich damit beschäftigen, dass du dich oder jemand anderen in Ordnung bringen musst, aber der zehnte sollte dem gewidmet sein, was bereits völlig in Ordnung ist. Richte jeden zehnten Gedanken auf etwas, das du von ganzem Herzen akzeptieren und lieben kannst.

124 Die Stille des Herzens

Alle Antworten, die du suchst, findest du in der Stille deines Herzens. Du musst dich nicht an andere wenden, um Ratschläge oder Lösungsvorschläge zu erhalten. Du brauchst auch keine komplizierten Meditations- und Yogaübungen zu machen. Hör einfach auf zu urteilen, zu interpretieren und Vermutungen anzustellen. Lass alles, was nicht „Sein" ist, von dir abfallen und das „Sein" wird sich wie von selbst entfalten.

125 Eine hilfreiche Praxis

Wann immer du verwirrt, besorgt, ängstlich oder wütend bist, frage dich: „Liebe ich mich selbst – jetzt in diesem Moment?" Diese Frage erinnert dich daran, dass all deinen ängstlichen Gedanken und all deinen unsicheren Verhaltensweisen die Weigerung zugrunde liegt, sanft und liebevoll mit dir selbst umzugehen.

Auch wenn sich deine Wut oder deine aufgebrachten Gefühle auf jemand anderen richten, bist du in diesem Augenblick nicht liebevoll zu dir selbst. In Wirklichkeit kannst du nur dann auf jemand anderen wütend sein, wenn du vergisst, dich selbst zu lieben.

Es gibt nur eins, wofür du hier auf Erden wirklich verantwortlich bist: dich selbst zu lieben und für dich selbst zu sorgen. Wenn dein Herz voller Liebe ist, fließt sie ganz von selbst auf andere über.

126 Nicht bereit zu segnen

Diese Angewohnheit wird dir helfen, in deiner Mitte zu bleiben: Sprich nicht und handle nicht, wenn du nicht bereit bist, andere zu segnen. Indem du dich weigerst, andere schuldig zu sprechen, durchbrichst du den Kreislauf von Schuld und Scham. Du machst ihr Leid nicht zu deinem Leid, ihre Wut nicht zu deiner Wut und ihr Gefühl, unwürdig zu sein, nicht zu dem deinen.

Weil du nur redest oder handelst, wenn du bereit bist zu segnen, spielst du in dem leidvollen Drama des gegenseitigen Verrats und Missbrauchs nicht mehr mit. Du sorgst auf der tiefsten Ebene des Seins für dich und andere. Wellen der Illusion überschwemmen dich, aber du hältst an der Wahrheit fest, die du verkörperst.

127 Illusionen

Illusion entstehen, wenn du aufhörst, dich selbst oder einen anderen Menschen zu lieben. Die einzige Möglichkeit, eine Illusion aufzulösen, besteht darin, erneut zu lieben – jetzt, in diesem Moment.

128 Ein winziges Licht

Gottes Liebe kann nicht missbraucht werden. Du kannst sie zurückweisen, verleugnen und verstecken. Doch alle Zurückweisung, alles Leugnen und alle verborgenen Schuldgefühle haben Grenzen. Die Wahrheit kann verdreht, aber niemals vollkommen ausgerottet oder geleugnet werden. Ein winziges Licht scheint selbst in der dunkelsten Nacht. Und dieses Licht wirst du finden – immer dann, wenn du ernsthaft danach suchst.

129 Sündigen

Menschen, die „Böses" tun, fühlen sich von Gott und von ihren Mitmenschen getrennt. Sie glauben, nicht geliebt zu werden und handeln deshalb selbst lieblos. Aber Gott hat nicht aufgehört, sie zu lieben. Gott kann überhaupt nicht aufhören, die Menschen zu lieben. Denn Gott ist die Liebe, immer, in jedem Augenblick.

Jede Sünde ist nur ein vorübergehender Moment der Trennung. Diese Trennung kann nicht endgültig sein. Jedes Kind, das vor Gottes Liebe davonläuft, wird irgendwann zurückkehren, weil es zu qualvoll ist, von der Quelle der Liebe getrennt zu sein. Wenn der Schmerz zu groß wird, kommt jedes verwundete Kind zurück. Da gibt es keine Ausnahme.

130 Etwas, das nicht verziehen ist

Es wird keinen Frieden auf der Welt geben, bevor nicht in deinem eigenen Herzen Frieden eingekehrt ist. Aber es kann kein Frieden in dein Herz einkehren, solange du Feinde und „böse" Menschen um dich herum siehst. Das „Böse", das du in der Welt entdeckst, weist dich auf etwas nicht Verziehenes in deinem eigenen Herzen hin, das der Heilung bedarf.

131 Nichts Böses sehen

Das Böse existiert nicht unabhängig von deinen Urteilen. Jeder Teufel, den du siehst, ist nichts anderes als die Projektion deiner eigenen Scham.

Sieh das Drama nicht außerhalb von dir, sonst wirst du den Schlüssel zum Königreich Gottes verlieren. Das Drama von Schuld und Scham spielt sich nur in deinem Kopf ab und dort musst du dich damit auseinandersetzen.

Du bist derjenige, der den Schlüssel zum Königreich in der Hand hält. Wenn du kompromisslos liebst, wirst du ebenso geliebt werden.

132 Wunden und Flügel

Wenn du den Teufel in anderen suchst, wirst du ihn nicht finden. Der Teufel ist der gefallene Engel in dir. Er ist all das, was du an dir selbst verletzt und vergessen hast.

Tief in dir lebt dieses aufsässige, widerspenstige Wesen. Es ist das verängstigte, unglückliche Kind, das sich ungerecht behandelt fühlt und auf seiner Suche nach Anerkennung andere manipuliert. Es ist nur deshalb so schrecklich, weil du ihm deine Liebe verweigerst. Weise es nicht mehr zurück. Nimm es in die Arme und lass es nicht wieder los. Sprich mit sanfter Stimme zu ihm. Wenn du das Kind in dir umarmst, erkennst du, dass es in Wirklichkeit ein Engel ist. Dieser gefallene Engel braucht deine Liebe, damit er wieder aufsteigen kann. Und seine Wunden beginnen zu heilen.

133 Die dunkle Nacht der Seele

Du kannst Gott nicht finden, ohne durch die dunkle Nacht der Seele zu gehen. Deine Ängste und deine Scham müssen ans Licht kommen. Dein Gefühl, von allem getrennt zu sein, muss offenbar werden, damit es geheilt werden kann. Wie kannst du dich aus der Asche deines Schmerzes erheben, wenn du den Schmerz ignorierst?

Du kannst deine spirituelle Reise nicht antreten, solange du vorgibst, nicht verwundet zu sein. Leugne deine Schmerzen nicht, mein Bruder, meine Schwester. Fühle deinen Schmerz. Er ist nicht das, wofür du ihn gehalten hast.

Wenn du den Mut hast, auf die Mauer deiner Angst zuzugehen, wird sie zur Tür. Geh durch diese Tür hindurch. Ich stehe auf der anderen Seite und warte auf dich.

134 Gott annehmen

Wenn du Gott wieder in dein Leben lässt, wirst du die Welt und ihre Menschen mit völlig neuen Augen sehen. Jedem Kind, das dir begegnet, kannst du Vater und Mutter sein und jedem älteren Menschen Sohn oder Tochter. Du bist demjenigen ein Freund, der schon Freunde hat, genauso wie dem, den alle verlassen haben. Und du liebst denjenigen, der sich geliebt weiß, genauso wie den, der vergessen hat, dass er geliebt wird.

135 Der Schmerz ist ein Bote

Der Schmerz hat eine Botschaft für dich. Es sagt dir,
wo und auf welche Weise du dir selbst untreu geworden bist. Diese Botschaft ist wichtig. Solange du dir
deiner Selbstverletzung noch nicht bewusst bist,
kannst du die Reise zu deiner Heilung nicht antreten.
Schmerzen sind keine Strafe. Schmerzen fordern dich
auf, dir über dich selbst Klarheit zu verschaffen und
dir deiner versteckten Leiden bewusst zu werden.

136 Zum Missbrauch verleiten

In einer Beziehung, in der du missbraucht wirst, hast du die Möglichkeit, „nein" zu dem zu sagen, was dich nicht ehrt. Wenn du plötzlich „nein" sagst, wird dir natürlich bewusst, wie oft du in der Vergangenheit „ja" gesagt hast.

Du selbst schaffst die Bedingungen, die Missbrauch möglich machen, indem du eine Liebe akzeptierst, an die Bedingungen geknüpft sind. Du sagst „ja" zu deiner Selbsterniedrigung als Preis für die Sicherheit, die man dir gibt. Und du sagst „ja" zu deinen Ängsten, denn sie sind die Gegenleistung für die Liebe, die du bekommst.

Du weißt inzwischen, dass das nicht funktioniert. Liebe ist keine Handelsware. Du kannst von anderen nicht bekommen, was du dir nicht selbst geben kannst oder willst.

137 Durch den Schmerz hindurchgehen

Sogar dein Schmerz kann eine Tür sein. Er kann dir bewusst machen, dass in deinem Körper und in deinem Leben Energien blockiert sind.

Leugne deinen Schmerz nicht. Beachte ihn und geh durch ihn hindurch. Heilung bedeutet, etwas in Bewegung zu setzen. Sie setzt nicht ein, wenn man sich in seinen Schmerz verliebt oder eine Lebensphilosophie daraus macht.

Schmerz ist etwas Universales. Irgendwann berührt er jeden von uns. Aber er muss kein ständiger Begleiter sein. Er ist nur ein Bote.

Zu behaupten, dieser Bote sei nicht da, wenn er vor der Tür steht, ist völliger Blödsinn. Wenn er da ist, musst du ihn einlassen und hören, was er zu sagen hat. Aber wenn du seine Botschaft gehört hast, kann er wieder gehen. Dann hat er seine Aufgabe erfüllt.

138 Der wahre Heiler

Wenn du wirklich ein Heiler bist, respektierst du die Fähigkeit deiner Klienten, sich selbst zu heilen. Du hilfst ihnen, das zu tun, wozu sie innerlich bereit sind. Du vertrittst Ganzwerdung, Sanftmut und Geduld. Das Ergebnis deiner Bemühungen ist, dass deine Klienten stärker werden. Sie heilen sich selbst und gehen weiter.

Als wahrer Heiler ermutigst du deinen Klienten, nicht in Extreme zu verfallen, indem sie ihren Schmerz entweder leugnen oder ihn beschönigen. Schmerz will konfrontiert werden, nicht imaginiert. Wenn er da ist, wird er sich auf authentische Weise zum Ausdruck bringen. Er wird mit seiner eigenen Stimme sprechen, wenn die Zeit dafür gekommen ist. Du musst aufpassen, dass du deinen Klienten nicht deine eigenen Worte in den Mund legst oder sie bedrängst zu sprechen, bevor sie dazu bereit sind.

139 Ein Trauma heilen

Herauszufinden was geschehen ist, ist der erste Schritt zur Heilung eines Traumas. Geheimnisse müssen aufgedeckt und ans Licht gebracht werden.

Leugne nicht, was geschehen ist. Beschönige es nicht. Bekenne dich einfach dazu und sei damit. Das kennzeichnet den Übergang von der Unwahrheit zur Wahrheit, von den Geheimnissen zu ihrer Offenbarung, vom versteckten Unbehagen zur bewussten Wahrnehmung deines Schmerzes.

140 Der Traum vom Missbrauch

Das Selbst ist unantastbar. Es kann nicht zerstört werden. Du kannst nur vorgeben, verletzt zu sein oder andere verletzt zu haben. Niemand kann dich von der Quelle der Liebe trennen, denn du selbst bist Liebe. Du bist der Strahlende, der den Traum vom Missbrauch träumt.

Zu tun als wärst du ein Engel, obwohl du dich wie ein missbrauchtes Kind fühlst, wird nicht zu deinem Erwachen beitragen, ebenso wenig wie es dir hilft, deine Wunden zu pflegen.

Erst wenn du dich voller Liebe deinen Verletzungen zuwendest, werden sie heilen. Das kann spontan geschehen oder ein ganzes Leben dauern. Aber du bist nicht länger ein Opfer und die Heilung hat begonnen. Dein Leidensweg ist zu Ende.

141 Dir selbst Vater und Mutter sein

Von Kindheit an hat man dir beigebracht, dich selbst nur dann für wertvoll zu halten, wenn du positive Rückmeldungen von deinen Mitmenschen bekommst. Im Gegensatz dazu lernst du durch den Prozess deiner Heilung, dich selbst immer und überall wertzuschätzen, ohne Bedingungen. Auf diese Weise wirst du „wiedergeboren" und erneut umsorgt und gehegt wie ein Kind. Nicht von deinen Eltern oder anderen Bezugspersonen, sondern von der Quelle der Liebe in dir selbst.

Kein anderer Mensch kann das für dich tun. Die anderen können dir beistehen und dich ermutigen, aber niemand kann dir beibringen, dich selbst bedingungslos zu lieben. Das ist eine Aufgabe, die jeder für sich selbst erfüllen muss.

142 Liebe beginnt in deinem Herzen

Die Erfahrung bedingungsloser Liebe beginnt in deinem eigenen Herzen und nicht im Herzen eines anderen Menschen. Mach deine Fähigkeit, dich selbst bedingungslos zu lieben, nicht davon abhängig, ob du von anderen geliebt wirst. Dein Versuch, Liebe außerhalb von dir selbst zu suchen, wird immer scheitern, weil du von einem anderen Menschen nichts bekommst, was du dir selbst nicht geben kannst.

143 Die Wahrheit über dich selbst

Wenn du die Wahrheit über dich selbst erkannt hast, weißt du, dass du nicht dein Körper bist, obwohl du deinen Körper annehmen und gut für ihn sorgen musst. Du bist nicht deine Gedanken und Gefühle, obwohl du dir ihrer bewusst sein und erkennen musst, wie sie das Drama deines Lebens gestalten. Du bist mehr als die Rollen, die du spielst – Ehemann oder Ehefrau, Mutter oder Vater, Sohn oder Tochter, Angestellter oder Arbeitgeber, Sekretärin oder Klempner – obwohl du dich in jeder Rolle, die du gerade spielst, wohl fühlen solltest. Du bist nichts Äußerliches. Du bist nichts, das durch etwas anderes oder von jemand anderem definiert werden könnte.

144 Erleuchtung

Du kannst das Licht in einem anderen Menschen nicht erkennen, solange du es nicht in dir selbst erkannst hast. Wenn du es in dir selbst gefunden hast, gibt es niemanden mehr, in dem du es nicht siehst. Es spielt keine Rolle, ob die anderen es sehen oder nicht. Und es ist das Licht, dem du dich zuwendest, wenn du mit einem anderen Menschen sprichst.

145 Einsamkeit

Die Zeit, die du dir nimmst, um deine Erfahrungen zu verarbeiten, ist genauso wichtig wie die Zeit, in der du die diese Erfahrungen machst.

Jeder Atemzug besteht aus drei Schritten. Beim Einatmen nimmst du eine Erfahrung auf; die Pause dient der Verarbeitung und mit dem Ausatmen lässt du die Erfahrung wieder los. Obwohl die Pause nur eine, höchstens zwei Sekunden dauert, ist sie für eine vollständige Atmung unbedingt erforderlich.

Einsamkeit erlaubt dir innezuhalten. Sie bestimmt deine Lebensqualität. In der Einsamkeit entwickelt sich deine Energie und deine Fähigkeit, dich für etwas zu begeistern. Wenn du der Einsamkeit keinen Raum gibst, ist dein Leben eine leere Hülle. Vieles mag hinein- und wieder hinausgehen, aber nichts bleibt wirklich haften. Du nimmst nichts wirklich in dich auf und dein Bewusstsein kann sich nicht erweitern.

146 Die Quelle

Du erwartest von anderen, dass sie dir Liebe geben, weil du noch nicht erkannt hast, dass Liebe nur aus deinem eigenen Bewusstsein kommt. Sie hat nichts mit irgendjemand anderem zu tun.

Erwarte nicht, dass andere dir die Liebe geben, die du brauchst. Du brauchst ihre Liebe nicht. Du brauchst deine Liebe.

Liebe ist das einzige Geschenk, das du dir selbst machen kannst. Gib sie dir selbst und das Universum wird mit einem großen "Ja!" antworten. Wenn du sie jedoch zurückhältst, geht das Versteckspiel weiter, das „Liebe an den falschen Orten suchen" heißt.

Es gibt nur einen Ort, an dem du die Liebe suchen und finden kannst. Noch keiner, der dort gesucht hat, ist enttäuscht worden.

147 Die Liebe hält niemanden gefangen

Wer bedingungslos liebt, setzt weder seiner eigenen Freiheit Grenzen, noch der eines anderen Menschen. Er versucht nicht, die Liebe festzuhalten, denn das bedeutet, sie zu verlieren.

Liebe ist ein Geschenk, das immer so verschenkt werden muss, wie es in der jeweiligen Situation angemessen ist. Die Liebe hält niemanden gefangen, lässt sich auf keinen Kuhhandel ein und kann nicht von Angst überwältigt werden.

148 Bleib bei dir selbst

Wenn du anderen Gutes tun willst, musst du sie so akzeptieren, wie sie sind, und aufhören, sie zu beurteilen oder ihr Leben in Ordnung bringen zu wollen.

Stelle keine Regeln für andere auf. Lass sie ihren eigenen Weg finden. Unterstütze sie. Ermutige sie. Sporne sie an. Aber glaube nicht, dass du weißt, was gut für sie ist. Du weißt es nicht.

Wenn du aufhörst, dich in das Leben anderer einzumischen, hast du mehr Zeit, dich um dich selbst zu kümmern. Du hörst auf, dich darüber zu beschweren, welche Opfer du für andere bringst, und machst dich daran, deine eigenen Ziele zu verfolgen.

149 Pass auf dich selbst auf

Niemand kommt mit leeren Taschen auf diese Welt. Jeder bringt mindestens eine oder zwei Altlasten mit, an denen er zu tragen hat.

Deine Aufgabe besteht darin, dein eigenes Päckchen möglichst glücklich zu tragen. Stecke deine Nase nicht in fremde Angelegenheiten, sonst könnte es passieren, dass du plötzlich ein zweites oder drittes Päckchen mitschleppen musst.

Übe dich darin, für dich selbst zu sorgen und lass andere das gleiche tun. Du bist nicht auf der Welt, um für andere zu tun, was diese selbst erledigen müssen. Ebenso wenig ist es die Aufgabe anderer Leute, sich um Dinge zu kümmern, für die du verantwortlich bist.

150 Falsche Lehrer

Wenn du einen Lehrer brauchst, dann suche dir einen, der dich ermutigt, auf die Wahrheit in deinem eigenen Herzen zu hören. Begib dich auf die Suche nach jemandem, der dich liebt, ohne dich kontrollieren zu wollen, nach jemandem, der dich mit Würde und Respekt behandelt.

Akzeptiere niemanden als Lehrer, der dir Entscheidungen abnimmt oder dein Leben unter seine Kontrolle bringen möchte. Pflege keinen Umgang mit Menschen, die behaupten, im Besitz eines besonderen Wissens zu sein, das sie für einen hohen Preis verkaufen. Meide diejenigen, die für spirituelle Führung Geld oder sexuelle Zuwendung haben wollen und dich überreden, deine Macht, deine Selbstachtung und deine Würde aufzugeben. Das sind falsche Lehrer.

151 Religiöse Rechtschaffenheit

Liebe ist die einzige Tür, die zu einem spirituellen Leben führt. Eine Religion, der die Liebe fehlt, hat nichts zu bieten außer Dogmen und starren Glaubenssätzen. Ohne Liebe gibt es weder Mitgefühl noch Barmherzigkeit.

Indem du andere verurteilst, ihnen Predigten hältst oder sie erlösen willst, projizierst du nur deine eigenen Ängste und Unzulänglichkeiten auf sie. Du bedienst dich religiöser Worte, um die Liebe zu ersetzen, die du weder geben noch empfangen kannst.

Wenn du meiner Lehre folgen willst, musst du lernen, alles, was geschieht, mit offenem Herzen und offenem Geist wahrzunehmen. Sei bereit, deine begrenzten Vorstellungen und all deine Vorurteile aufzugeben. Lass Taten der Liebe in deinem Leben sprechen, keine harten, nachtragenden Worte.

152 In sich hineinhören

Nur du allein weißt, was du tun musst, um deine Lebensaufgabe zu erfüllen. Dieses Wissen liegt jedoch oft tief in deinem Herzen verschüttet. Manchmal musst du sehr intensiv in dich hineinhören, um mit deiner eigenen Weisheit in Kontakt zu kommen. Und manchmal ist es nicht möglich, diesen Kontakt herzustellen, ohne die Ohren vor dem zu verschließen, was andere Leute über dein Tun und Lassen denken.

Jetzt ist es an der Zeit, still zu werden und deine Aufmerksamkeit nach innen zu richten. Du kannst nicht auf die Wahrheit in deinem Herzen hören, solange du zu sehr mit äußeren Dingen beschäftigt bist. Am besten hörst du ihre Stimme, wenn du all deine Ängste und Sorgen beiseite schiebst und in die Stille gehst.

153 Dem Ruf folgen

Der Weg, den ich euch gezeigt habe, steht allen offen. Jeder, der möchte, kann ihn gehen. Vorbedingungen sind nicht erforderlich: keine Taufen, keine Bekenntnisse, keine Kommunionen. Äußerlichkeiten können dich daran hindern, meine Lehre anzunehmen.

Wenn du jedoch weiterhin an Dogmen und Glaubenssätzen festhältst und davon überzeugt bist, dass du oder jemand anders schlecht oder böse ist, kannst du nicht weitergehen. Wenn du meinst, dass du bereits alle Antworten kennst, kannst du losgehen, aber dann bist du auf einem anderen Weg.

Mein Weg steht allen offen, aber nur wenige entscheiden sich für ihn. Nur wenige sind bereit aufzugeben, was sie zu wissen glaubten, um lernen zu können, was sie noch nicht wissen. Viele hören den Ruf, aber nur wenige folgen ihm.

154 Das Gute finden

Die meisten Lehren setzen dich ins Unrecht oder wirken wie ein Holzhammer. Bestenfalls bieten sie dir eine Kurskorrektur an, schlimmstenfalls verurteilen sie dich. Meine Lehre ist nicht von dieser Art.

Ich sage dir, dass du weder schlecht noch böse bist – wie viele Fehler du auch gemacht haben magst. Ich erinnere dich an die Wahrheit über dich selbst. Deine Aufgabe besteht nur darin, dein Herz für diese Wahrheit zu öffnen.

Das tust du, indem du dich weigerst, andere zu verurteilen, indem du dankbar bist für all die Liebe und all das Schöne in deinem Leben. Du konzentrierst dich auf das, was da ist, nicht auf das, was fehlt. Indem du das Gute in deinem Leben entdeckst, verstärkst du es und lässt andere daran teilhaben.

155 Nicht verurteilen

Ich bin nicht da, um zu verurteilen, sondern um zu verstehen und zu segnen. Ich bin da, um die Angst in den Augen der Menschen zu sehen und sie daran zu erinnern, dass sie geliebt werden. Wenn ich dafür da bin, wie könnte ich dann wollen, dass du diejenigen schlägst, verbrennst und exkommunizierst, die deiner Liebe am meisten bedürfen? Leg mir nicht deine Worte in den Mund und behaupte nicht, sie kämen von mir.

Du hast mich falsch verstanden. Du irrst dich. In meiner Lehre geht es um Liebe, nicht um Verurteilung, Tadel oder Strafe.

156 Zwei Gebote

Ich habe euch nur zwei Gebote gegeben: Gott zu lieben und euch gegenseitig zu lieben. Das sind die einzigen Regeln, die du brauchst. Bitte mich nicht um weitere. Bitte mich auch nicht darum, in deinem täglichen Kleinkrieg Stellung zu beziehen. Bin ich für das Leben oder für die freie Wahl? Wie könnte ich das eine befürworten, ohne auch das andere gutzuheißen?

Wenn du die Wahrheit erkannt hast, brauchst du deinen Bruder nicht mehr anzugreifen. Selbst wenn du glaubst, dass du im Recht bist und er im Unrecht, wirst du ihn nicht mit der „Wahrheit" erschlagen, sondern ihm mit Verständnis begegnen und ihm deine Unterstützung anbieten.

Wann immer ich euch etwas lehre, findet sich auch jemand, der meine Lehre in einen Stock verwandelt, um Menschen damit zu schlagen. Ich sage euch, meine Freunde: Worte, mit denen Menschen geschlagen werden, können nicht von mir sein.

157 Worte und Taten

Wenn du dich in den Dienst dieser Lehre stellen willst, dann beschäftige dich mit ihr. Verwirkliche sie in deinem Leben durch liebevolle Gedanken und Taten.

Gib nicht vor zu sein, was du nicht bist. Mach dich nicht zum Sprachrohr für Worte und Überzeugungen, nach denen du nicht lebst.

Alle, die meine Lehre verbreiten, tun das von der selben Bewusstseinsebene wie ich. Wenn nicht, verbreiten sie nicht meine Lehre.

158 Gleichberechtigung für alle

In meiner Kirche sind Männer und Frauen gleichberechtigt. Das ist schon immer so gewesen und wird auch immer so bleiben. Jene, die Frauen ihren rechtmäßigen Platz in der Gemeinde verweigern, halten sich nicht an meine Lehre.

Schwule und Lesben, Schwarze und Weiße, Wiedergeborene, Fundamentalisten, Buddhisten, Juden, Rechtsanwälte und Politiker – sie alle haben ihren Platz in der Gemeinschaft der Gläubigen. Jeder ist willkommen. Niemand soll ausgeschlossen werden und jedes Mitglied der Gemeinde sollte die Möglichkeit haben, eine leitende Position zu bekleiden.

Meine Lehren waren noch nie exklusiv oder hierarchisch. Sie haben noch nie einem Menschen den Vorzug gegenüber einem anderen gegeben. Es ist eine Lehre der uneingeschränkten und absoluten Gleichheit.

159 Wiedergutmachung

Es ist nie zu spät, um aus Fehlern zu lernen und Wiedergutmachung an den Menschen zu leisten, die du verletzt oder ungerecht behandelt hast. Deine Fehler stürzen dich nicht in die Verdammnis, es sei denn, du willst weiter an ihnen festhalten.

Lass sie los. Du kannst wachsen. Du kannst dich ändern. Du kannst weiser sein als bisher. Du kannst aufhören, Angst zu verbreiten, und dich statt dessen für Liebe und Vergebung einsetzen.

160 Der Brunnen, der nicht austrocknet

Dein Herz ist die Quelle der Liebe. Es ist der Brunnen, der nie austrocknet und aus dem du schöpfen kannst, so oft du willst. Wann immer du zu diesem Brunnen kommst, trinkst du das Wasser des Lebens. Dein spiritueller Durst wird gelöscht. Deine Sünden werden vergeben. Du bist getauft, geheilt und kannst neu beginnen.

In schwierigen Zeiten gibt es nur einen Ort, der dir Geborgenheit schenkt, das Heiligtum in dir. Du solltest lernen, regelmäßig dort hinzupilgern

161 Erleuchtung zu verkaufen

Niemand kann dir etwas geben, was du nicht schon hast. Alle, die dir Wunder, spirituelle Kräfte und Erleuchtung versprechen, haben dir in Wirklichkeit nichts zu bieten. Sie füllen nur ihre eigenen Taschen, auf deine Kosten. Sie können dich nicht von deinem Leid befreien. Das kannst nur du selbst tun. Sei realistisch. Es gibt nur einen Menschen, der aufwachen muss, und das bist du.

Wer dir wirklich etwas schenken will, wird dieses Geschenk nicht zurückhalten. Wer Informationen zurückhält oder dir seine Liebe versagt, hat nichts, was er dir schenken kann. Glaube niemandem, der behauptet, die Erlösung läge irgendwo in weiter Ferne, außerhalb von dir. Das ist nicht wahr.

162 Die Regeln anderer

Wenn du es zulässt, werden andere Leute dir nur allzu gern Vorschriften machen und dir damit deine Freiheit nehmen. Führe dein Leben nicht nach Regeln, die andere für dich aufstellen. Trenne dich in Freundschaft von Menschen, die dir immer wieder sagen, was du denken oder tun sollst.

163 Bewusstheit

Bewusstheit ist kein Geschenk, sondern ein Ausdruck des Selbst, eine Energiebewegung, die es möglich macht, im Hier und Jetzt präsent zu sein und das
Leben zu umarmen. Du brauchst nur nach Bewusstheit zu verlangen und schon ist sie da. Sie kommt und
geht mit dem Atem. Atme ein, um diesen Moment zu
umarmen. Atme aus und lass ihn wieder los. Jeder
Atemzug ist eine bewusste Handlung.

164 Die Wahrheit sagen

Es kommt zu Missbrauch und Verrat, wenn Pläne starr eingehalten oder Vereinbarungen aus Furcht gebrochen werden. Wenn du eine Verpflichtung übernommen hast und dich nicht wohl dabei fühlst, ist es deine Aufgabe, dies den Betroffenen mitzuteilen. In jedem Falle wirst du anderen am besten dadurch gerecht, dass du ihnen die Wahrheit sagst.

165 Zweideutigkeit

Wenn du „ja" oder „nein" zu einem Menschen sagst, so ist das eine klare Mitteilung. Doch indem du „nein" sagst und „ja" meinst, legst du den Grundstein für Missbrauch.

166 Nein zu dem sagen, was falsch ist

Muss ich dich daran erinnern, dass es unpopulär ist, die Wahrheit zu sagen? Es bedeutet nämlich oft, „ja" zu sagen, wenn andere „nein" sagen und „nein", wenn die Mehrheit „ja" sagt.

Viele von euch können sich nicht vorstellen, dass ein Nein aus Liebe gesagt wird. Wenn dein Kind die Hand auf die heiße Herdplatte legen will, sagst du schnell und entschlossen: „Nein!" Du willst nicht, dass es sich weh tut. Und dann nimmst du es in den Arm und sagst ihm, dass du es liebhast.

Wie oft kommt deine Schwester oder dein Bruder zu dir und hat die Hand ganz nah an der heißen Herdplatte? Du kannst das Verhalten eines Menschen nicht billigen, wenn du weißt, dass es ihm schadet. Du möchtest ja auch nicht, dass deine Freunde es gut heißen, wenn du dich so verhältst.

167 Ziviler Ungehorsam

Meine Kreuzigung war ein Akt des zivilen Ungehorsams. Ich habe Folter und Tod hingenommen, weil ich mich geweigert habe, etwas anderes zu sagen als die Wahrheit.

Es ist nicht leicht, für die Wahrheit einzutreten, wenn man auf Widerstand stößt. Wenn du deinen Körper für zu wertvoll hältst, bist du dazu nicht fähig. Nur wer die Wahrheit über alles liebt, kann sich für das, woran er glaubt, in Gefahr begeben.

168 Gewaltlosigkeit

Für die Wahrheit einzutreten ist eine kraftvolle, aber gewaltlose Tat. Sie muss aus der Liebe heraus geschehen, sonst ist es nicht Wahrheit, für die man eintritt.

Es gibt Zeiten, in denen du für dich selbst eintreten musst und für andere, denen Unrecht geschieht. Du kannst nicht ständig in Angst leben und dich in eine Ecke verkriechen, während andere Entscheidungen für dich treffen. Du musst aufstehen und dir Gehör verschaffen.

Doch bitte tu das auf liebevolle Weise, mitfühlend und respektvoll. Tu es in dem Wissen, dass es da draußen keine Feinde gibt. Jeder Bruder und jede Schwester – wie wütend, verängstigt oder besorgt er oder sie auch sein mag – verdient deine Unterstützung und deinen Respekt.

169 Lass deine Netze zurück

Es gibt Zeiten, da muss der Fischer seine Netze zurücklassen – Zeiten, in denen du auf deine innere Stimme hören und ihr folgen musst – auch wenn es anderen nicht gefällt. Manchmal musst du dein Heim verlassen, deine Schule, deine Arbeitsstelle und deine Religion, um über die engen Grenzen hinausblicken zu können, in denen sich dein Leben bisher abgespielt hat. Dann weißt du plötzlich, dass du nicht einfach nur Sohn oder Tochter, Ehemann oder Ehefrau, Tischler oder Klempner, Schwarzer oder Weißer, Christ oder Jude bist. Du entdeckst dein eigentliches Wesen, das mehr ist als all die Rollen, die du spielst, und das all die Etiketten, die dir aufgeklebt wurden, ungültig macht.

170 In der Wahrheit bleiben

Ich habe dich gebeten, allein zu stehen – nicht, weil ich dich isolieren möchte, sondern weil ich möchte, dass du die Wahrheit erkennst und dich mit ihr verbindest. Denn es werden Zeiten kommen, in denen du fest zu dieser Wahrheit stehen musst, umgeben von einer Menschenmenge, die dich verdammt – wie sie mich verdammt hat. Und andere Zeiten werden kommen, in denen du der Rufer in der Wüste bist, der Menschen den Weg nach Hause zeigt.

171 Liebe, Wahrheit und Essenz

Wenn du Liebe, Wahrheit und Essenz entdecken willst, darfst du dich nicht mit Fälschungen zufrieden geben. Solange du Liebe akzeptierst, die an Bedingungen geknüpft ist, wirst du bedingungslose Liebe nie erfahren. Solange du irgendein Dogma, ein Urteil oder eine vorgefasste Meinung akzeptierst, wirst du die reine Wahrheit des Herzens nicht erkennen. Solange du nach Anerkennung strebst, kann dein wahres Selbst nicht zum Vorschein kommen, selbst wenn es gerufen wird.

Wenn du von Liebe sprichst, so frage dich: „Ist meine Liebe bedingungslos?" Sprichst du von Wahrheit, dann frage: „Ist meine Wahrheit frei von Urteilen oder Meinungen?" Und wenn du von Essenz redest, von wahrem Sein, dann stelle dir die Frage: „Bin ich davon abhängig, wie mich andere wahrnehmen und mit mir umgehen?"

172 Die Freiheit, du selbst zu sein

Die Freiheit, du selbst zu sein, erfordert mehr Los-
gelöstheit als du glaubst. Solange du noch Forderungen und Wünsche an andere hast, kannst du nicht du
selbst sein. Erst wenn du nichts Bestimmtes mehr von
irgendeinem Menschen willst, bist du frei, du selbst
zu sein und ehrlich und authentisch mit anderen
umzugehen.

173 Dem Ursprung vertrauen

Vertraue auf deine Verbindung mit dem Ursprung allen Seins. Du hast alles, was du brauchst, um weise geführt durch dein Leben zu gehen. Du bist nicht weiter von Gott entfernt als ich. Ich muss dich nicht in die Nähe des Göttlichen bringen. Du bist bereits dort.

Gott kann dich gar nicht verlassen. Wenn du Seine Gegenwart nicht spürst, dann ist es, weil du dich von Ihm abgewandt hast. Du hast deine Macht an irgendeine weltliche Autorität abgegeben. Du hast Gott, der in dir wohnt, verlassen, um etwas Besonderes in der Welt zu suchen.

174 Lehrer, die dir Kraft geben

Wenn du einen Lehrer gefunden hast, der dir Kraft gibt, bin ich glücklich. Es spielt keine Rolle, ob dieser Lehrer Buddhist oder Jude, Christ oder Moslem, Schamane oder Geschäftsmann ist. Wenn du von ihm lernst, dir selbst zu vertrauen und offener zu werden, dann freue ich mich für dich. Es spielt auch keine Rolle, welchen speziellen Weg du einschlägst, welche Symbole dir wichtig oder welche Schriften dir heilig sind. Ich schaue auf die Früchte deines Glaubens und erkenne, ob dich dein Weg zu deiner eigenen Göttlichkeit führt oder ob du deine Macht an andere abgibst.

Wähle einen Lehrer, der dir Kraft gibt, und du wirst die Wahrheit in deinem eigenen Herzen finden. Wenn du deine Macht abgibst, an mich oder an irgendjemand anderen, dann weiß ich, dass du mich nicht gehört hast.

175 Der nächste Schritt

Dein Lebensweg hat seine eigene Schönheit, sein eigenes Mysterium. Niemals ist er so, wie du dir ihn vorgestellt hast. Aber er fordert dir nie zu viel ab. Du weißt immer intuitiv, welchen Schritt du als nächstes gehen musst.

176 Wer ist Gott?

In deinem Innern bereitest du einen Tempel, damit
Gott dort einzieht. Und wer, mein Freund, ist Gott,
wenn nicht der Eine, der schon bei dir ist – Er, der
alles weiß und versteht und dich bedingungslos
annimmt, unter allen Umständen, jetzt und für alle
Zeit?

Dieser Eine ist nicht irgendwo außerhalb von dir.
Er wohnt im Tempel deines Herzens. Wenn du ernsthaft fragst, dann ist Er es, der antwortet. Wenn du
anklopfst, öffnet Er die Tür.

177 Der Ruf, der dich aufweckt

Tief in dir hörst du den Ruf, der dich aufweckt. Er klingt nicht wie der Ruf, den irgend jemand anderes hört. Wenn du auf andere hörst, überhörst du den Ruf in deinem eigenen Herzen.

Doch wenn du ihn hörst, wirst du erkennen, dass andere ihn auch hören, auf ihre Weise. Und dann kannst du dich ihnen anschließen und ihr könnt euch gegenseitig helfen. Indem du andere segnest, segnest du dich selbst. Indem du ihnen die Freiheit gibst, ihren eigenen Weg zu gehen, wirst du frei, den deinen zu gehen.

178 Der Körper

Der Körper ist in keiner Hinsicht schlecht oder minderwertig. Er ist lediglich eine vergängliche, vorübergehende Erscheinung. Du wirst letztendlich keine
Erfüllung finden, indem du seine Bedürfnisse befriedigst oder sie ihm versagst.

Der Körper ist ein Hilfsmittel, ein Werkzeug. Du
brauchst ihn, um Erfahrungen zu sammeln. Er erfüllt
einen Zweck. Verleugne oder unterdrücke deine körperlichen Bedürfnisse nicht. Mach aber auch keinen
Gott aus deinem Körper, den du anbetest.

Wenn du deinen Körper magst und für ihn sorgst,
kann er dir bessere Dienste leisten. Doch kein Körper
ist perfekt. Irgendwann bricht jeder Körper zusammen, denn der Körper ist nicht für die Ewigkeit
gemacht.

Manche Dinge sind vorläufig und endlich, andere
sind ewig. Der Körper ist nicht ewig. Im besten Fall
ist er ein Diener, der dir eine Zeitlang zur Verfügung
steht.

179 Sex ohne Liebe

Die einzig verwerfliche Ausdrucksform der Sexualität ist Sex ohne Liebe. Manche Menschen versuchen, in der orgiastischen Lust Erfüllung zu finden. Aber das funktioniert nie, weil man nach der Gipfelerfahrung des Orgasmus stets wieder auf den Boden der Realität zurückkehren muss, wo der Kontakt mit dem Partner unausweichlich ist. Wenn du den Menschen liebst, mit dem du zusammen bist, wird dieser Kontakt harmonisch und friedvoll sein. Andernfalls wirst du dich leer und unbehaglich fühlen.

Sex ohne Liebe ist letztendlich immer unbefriedigend und suchterzeugend. Man braucht immer mehr davon: mehr Sex, mehr Partner, mehr Stimulation. Aber mehr ist nie genug. Sex ohne Liebe, unter welchem Deckmantel auch immer, zerstört die Energie eurer Verbindung und vergrößert eure emotionalen Verletzungen.

180 Das Ego

Das Ego ist jener Teil von dir, der nicht weiß, dass du geliebt wirst. Es kann keine Liebe geben, weil es nicht weiß, dass es Liebe zu geben hat.

Wenn du dein eigenes Ego und das der anderen voll Mitgefühl annimmst, entspannt sich das Bewusstsein. Der Widerstand löst sich auf. Sobald das Ego erkannt hat, dass es geliebt wird, hört es auf, Ego zu sein.

Das Ego muss als Ego sterben, damit es als Liebe wiedergeboren werden kann. Das unbegrenzte, ewige Selbst wird nicht geboren, bevor das begrenzte, irdische Selbst gestorben ist.

181 Sexuelle Liebe

Körperliche Liebe ist nicht von geringerer Schönheit als andere Formen der Liebe und kann auch nicht von ihnen getrennt werden. Diejenigen, die körperliche Liebe als etwas Unheiliges betrachten, werden sie auch auf diese Weise erleben, aber nicht, weil sie unheilig ist, sondern weil sie sie so wahrnehmen.

In einer spirituellen Beziehung ist die sexuelle Vereinigung eine Möglichkeit, auf der emotionalen Ebene mit dem Partner oder der Partnerin eins zu werden. In einer solchen Umarmung verbinden sich alle Chakren. Es ist eine allumfassende Verbindung mit dem geliebten Menschen.

182 Sterben

Sterben ist eine der besten Möglichkeiten zu lernen, präsent zu sein. Während du stirbst, bist du dir der Dinge auf eine Weise bewusst wie nie zuvor. Du nimmt jeden Atemzug, jede Nuance, jede Blume, jedes Wort und jede liebevolle Geste wahr.

Sterben ist so etwas wie ein Schnellkurs im Aufwachen. Das bedeutet allerdings nicht, dass jeder, der stirbt, auch aufwacht. Es bedeutet einfach nur, dass er am Kurs teilgenommen hat.

Die Loslösung von einer bedeutungslosen Identität ist ein unvermeidbarer Aspekt des Nachhausekommens. Je weniger du an der Vergangenheit hängst, desto glückseliger wird diese Erfahrung sein.

183 Tod und Wiedergeburt

Ich habe dir gesagt, dass du nicht ins Himmelreich eingehen kannst, bevor du gestorben bist und wiedergeboren wurdest. Jeder Mensch, der hier auf Erden wandelt, muss Schmerz und Verlust erleiden. Welche Identität du auch annimmst – sie wird dir wieder genommen werden. Jeder Mensch, den du liebst, wird einmal sterben. Es ist nur eine Frage der Zeit.

Alle heiligen Schriften ermahnen dich, dich nicht an Weltliches zu binden, denn weltliche Dinge sind nicht von Dauer. Dennoch bindest du dich. Und das ist ein Teil deines Erwachens: sich binden und loslassen, umarmen und freigeben. So wird deine Liebe immer tiefer und Weisheit entsteht.

184 Tiefer Frieden

Du wirst im Laufe deines Lebens viele kleine Tode sterben. Viele Male wirst du die Arme, die dich einst hielten, loslassen und allein in eine unsichere Zukunft gehen müssen. Jedes Mal, wenn das geschieht, werden deine Ängste hochkommen, und du wirst durch sie hindurchgehen müssen.

Hab Geduld. Aufwachen ist ein Prozess. Es ist wie mit Ebbe und Flut. Das Wasser geht zurück und kommt wieder. Die Menschen lassen eine Bindung los, um eine neue einzugehen, die sie vor eine noch größere Herausforderung stellt. Das Leben ist Rhythmus, ein progressiver Rhythmus.

Während Erde und Wasser zusammen atmen, verändert sich die Form des Strandes. Stürme erheben sich und flauen wieder ab. Am Ende kehrt tiefer Frieden in Herz und Geist ein. Ein tiefes Gefühl des Annehmens breitet sich aus und mit ihm die Erkenntnis, dass alle Dinge so, wie sie sind, vollkommen sind.

185 Liebe hat kein Form

Das Beständige ist nicht an Formen gebunden. Jede Form ist eine Manifestation der ursprünglichen Formlosigkeit des Universums. Das Allumfassende, alles Ergreifende und alles Liebende kann nicht auf eine Form festgelegt werden.

Liebe ist nicht an Bedingungen geknüpft – und daher auch an keine Form.

186 Der Tod des Egos

Du kannst den Tod des Egos nicht verhindern, genauso wenig wie du verhindern kannst, dass dein Körper stirbt. Aber das eine ist nicht unbedingt mit dem anderen identisch. Es wäre ein Fehler zu glauben, dass dein Ego gleichzeitig mit deinem Körper stirbt oder dass dein Körper stirbt, wenn sich dein Ego auflöst.

187 Aufstieg

Wenn du liebevoll handelst und liebevoll sprichst, wohnt der Heilige Geist in deinem Innern und wird auch in anderen erweckt. Dann bist du das Licht der Welt und die physische Realität ist nicht mehr so dicht wie zuvor. Das ist die eigentliche Bedeutung des Wortes „Aufstieg".

Wenn Liebe da ist, werden der Körper und die Welt emporgehoben. Sie werden erfüllt vom Licht, von neuen Möglichkeiten und vom Freudentanz des Guten. Die Welt, die du siehst, wenn der Heilige Geist in deinem Herzen und in deinem Leben ist, ist nicht die Welt, die du siehst, wenn du mit den Bedürfnissen deines Egos beschäftigt bist.

188 Die Gegenwart der Liebe

Nur die Gegenwart der Liebe ist real. Alles andere ist Illusion.

189 Ein Leben im Dienst an anderen

Sobald du begreifst, dass sich deine Bedürfnisse überhaupt nicht von den Bedürfnissen anderer unterscheiden, beginnt sich der Schleier zu heben. Du hörst auf, nach besonderer Behandlung zu verlangen. Und du hörst auf, anderen eine besondere Behandlung zuteil werden zu lassen. Was du für einen Menschen willst, willst du für alle.

Indem du anfängst, die Gleichheit wahrzunehmen, beginnst du, den Körper und die physische Welt zu transzendieren. Wenn du dich nicht mehr von anderen abgrenzen musst, kannst du dienen, ohne gebunden zu sein. Du kannst geben, ohne dich darum kümmern zu müssen, wie das Geschenk entgegengenommen wird.

190 Liebe beginnt jetzt

Wenn die Liebe da ist, machst du dir keine Sorgen um die Zukunft. Wenn die Liebe fehlt, willst du Sicherheiten für morgen.

Liebe beginnt jetzt. Das A und O des Lebens ist hier, in diesem Augenblick. Es wird niemals mehr Liebe geben, als hier und jetzt möglich ist.

Hörst du das? Die größte Liebe, die du erreichen kannst, ist genau in diesem Moment erreichbar. Sie kann weder in der Vergangenheit noch in der Zukunft erfahren werden.

191 Der Himmel ist hier

Du vergibst, um Erlösung hier und jetzt zu erfahren und nicht erst in einer fernen Zukunft.

Deine gesamte Spiritualität kommt nur in diesem Moment zum Ausdruck. Sie hat nichts zu tun mit irgendetwas, das du in der Vergangenheit gedacht oder gefühlt hast. Sie entfaltet sich hier und jetzt und unter genau den Umständen, in denen du dich befindest.

192 Dankbarkeit

Mangel erlebst du nur, wenn du an deiner jetzigen Situation etwas auszusetzen hast. Wenn du die Situation jedoch betrachtest und dankbar dafür bist, wirst du nichts als Fülle und Glück erleben.

193 In diesem Augenblick

Glück gibt es nur in diesem Augenblick. Wenn du dir Gedanken darüber machst, ob du morgen oder in fünf Minuten glücklich sein wirst, kannst du es jetzt nicht sein, denn dein Träumen und Planen hält dich davon ab.

Atme tief ein und komm zurück in dein Herz. Das Chaos und die Verwirrung in deinem Geist wird aufgelöst, wenn du die einfache Entscheidung triffst, in diesem Moment ganz aufmerksam und präsent zu sein. Das ist die wunderbare Wahrheit.

194 Freisein von Vergangenem

Ich habe dir gesagt, dass du die Freiheit hast, nach deinen eigenen Vorstellungen zu leben. „Schön wär's!" sagst du und zeigst auf die Ketten an deinen Füßen.

„Wer hat dich in Ketten gelegt?" frage ich.

„Gott!" rufst du wütend aus.

„Nein. Das kann nicht sein. Gott hat dich nicht gekettet. Wenn Er es getan hätte, könntest du niemals aus dem Gefängnis deiner eigenen Überzeugungen ausbrechen."

195 In die Mitte kommen

Je stärker du an der Vergangenheit hängst und je mehr du mit deiner Zukunft beschäftigt bist, desto schwerer fällt es dir, zu akzeptieren, was „ist", und damit umzugehen.

Um in der Gegenwart sein zu können, musst du in dem verankert bleiben, was du weißt, und Vergangenheit und Zukunft beiseite lassen. Zum Beispiel kannst du nicht wissen, ob sich die Vergangenheit wiederholt. Frühere Verhaltensmuster können sich auflösen, sie können aber auch wieder auftauchen. Du weißt es nicht. Du weißt nur, wie du dich jetzt in diesem Moment fühlst.

Wenn du bei dem bleiben kannst, kannst du ehrlich mit dir selbst und anderen sein. Du kannst sagen, wozu du dich im Moment verpflichten kannst und was du noch nicht versprechen willst.

Manches mag sich in der Zukunft ändern, aber im Moment kannst du nicht in der Hoffnung leben, dass sich diese Dinge verändern. Du musst da sein, wo du gerade bist, nicht da, wo du gern wärest.

196 Frühere Leben

Wenn Erinnerungen aus deiner Vergangenheit aufsteigen, dann nimm sie einfach zur Kenntnis. Nicht um ihnen besondere Bedeutung zu geben, sondern um sie zu vollenden, damit du in der Gegenwart präsent sein kannst. Alles, was dich von der unmittelbaren Verbindung zu deinem jetzigen Leben entfernt, ist nicht hilfreich.

Sobald die Vergangenheit in die Gegenwart integriert ist, macht sie dir nicht mehr zu schaffen. Denk einmal über folgende Frage nach: Gibt es ein Geräusch, wenn ein Baum im Wald zu Boden fällt und niemand es hört? Die Antwort ist nein. Wenn keiner da ist, der es erlebt, gibt es kein Erlebnis.

Gibt es frühere Leben? Nur wenn du dich daran erinnerst. Und wenn du dich daran erinnerst, wirst du sie weiterleben bis du dir selbst vergeben hast und all den anderen, die darin verwickelt waren.

197 Mit der Vergangenheit tanzen

Sammle kein Holz, wenn du kein Feuer machen willst. Rühre nicht im Topf, wenn du nicht riechen willst, was darin kocht. Rufe die Vergangenheit nicht wach, wenn du nicht mit ihr tanzen willst.

Wenn jedoch in deinem Haus ein Feuer ausbricht, musst du deine Sachen nehmen und die Flucht ergreifen. Wenn der Eintopf überkocht, kommt du nicht umhin, ihn zu riechen. Und wenn die Vergangenheit dir aus dem Spiegel entgegenblickt, kannst du nicht so tun als wärst du im Samadhi.

Der Widerstand gegen eine Erfahrung führt dich auf endlose Umwege. Genau wie das Suchen.

Leiste keinen Widerstand. Suche nicht. Setze dich einfach dann mit den Dingen auseinander, wenn sie auf dich zukommen.

198 Die Tasse leeren

Wenn du an dem festhältst, was du bereits hast, wie kannst du dann etwas Neues einbringen? Um etwas Neues, Anderes, Unvorhergesehenes ins Spiel bringen zu können, musst du etwas Altes, Abgenutztes und Gewohnheitsmäßiges aufgeben.

Wenn die Tasse voll von abgestandenem, kaltem Tee ist, kannst du keinen frischen, heißen Tee hineingießen. Erst musst du die Tasse leeren. Dann kannst du sie füllen.

199 Verschlossene Türen

Versuche nicht, durch geschlossene Türen zu gehen.
Du würdest dich nur unnötig verletzen. Selbst wenn
du nicht weißt, warum eine Tür verschlossen ist, solltest du die Tatsache respektieren, dass sie verschlossen ist. Und kämpfe nicht mit den Türgriff. Wenn die
Tür offen wäre, wüsstest du es.

Eine Großteil des Schmerzes in deinem Leben
wird dadurch verursacht, dass du versuchst, durch
geschlossene Türen zu gehen oder quadratische
Pflöcke in runde Löcher zu treiben. Du versuchst,
jemanden zu halten, der bereit ist zu gehen. Oder du
willst jemanden dazu bringen, etwas tun, bevor er
oder sie dazu bereit ist.

Hör auf, kontrollieren zu wollen, was geschieht.
Akzeptiere lieber, was ist, und arbeite damit. Mit der
Strömung zu schwimmen ist viel einfacher als gegen
sie anzukämpfen.

200 Einmischung

Wenn du in das, was ist, eingreifst, erzeugst du nichts als Unfrieden für dich selbst und andere. Du begehst einen Übergriff. Du stellst dich in den Weg.

Wenn du merkst, dass Dinge ins Stocken geraten sind, solltest du einen Schritt zurücktreten und erkennen, dass alles, was du tust, im Moment nicht hilfreich ist. Du musst innehalten, eine Pause machen und nachdenken. Auf diese Weise sorgst du dafür, dass sich die Situation nicht noch weiter verschlechtert.

Wenn du dich in den natürlichen Lauf der Dinge einmischst, wird Leid entstehen. Sobald du aufhörst, dich einzumischen, hört das Leid auf.

201 Innere Veränderungen

Was du liebst und was deine ganze Aufmerksamkeit genießt, wird wachsen und gedeihen. Wenn du deine Liebe und deine Aufmerksamkeit entziehst, wird sich das Blatt wenden.

Wenn du aufhörst, dich für deine berufliche Karriere zu engagieren, wird sie zum Stillstand kommen. Wenn du aufhörst, dich für deine Beziehung zu engagieren, beginnt sie zu zerbrechen. Die Tatsache, dass du nachlässig wirst und weniger positive Energie in den Beruf oder die Beziehung investierst, befremdet andere und bewirkt, dass sie sich unsicher oder bedürftig fühlen.

Du kannst deinem Partner oder Vorgesetzten die Schuld an dieser Veränderung geben, aber dann siehst du nicht, was wirklich los ist. Die Beziehung oder Karriere gedeiht nicht mehr, weil du ihr deine Liebe, dein Engagement und deine Hingabe verweigerst.

202 Das Feuer der Veränderung

Der Abschied von etwas oder jemandem, das oder der dir einst Freude und Glück geschenkt hat, ist immer mit Schmerz verbunden. Du musst Geduld haben und Trauerarbeit leisten. Doch wenn die Trauerphase vorüber ist, wirst du die Dinge mit anderen Augen sehen. Möglichkeiten, von denen du noch nicht einmal zu träumen gewagt hast, werden sich dir eröffnen.

Wenn das Alte stirbt, wird Neues geboren. Der Phönix erhebt sich aus der Asche der Vernichtung.

Es ist nie einfach, durch das Feuer der Veränderung zu gehen. Aber wenn du dich hingibst, ist der Brand schon bald vorüber. Und in den reichen Humus, der zurückbleibt, kannst du die Samen der Zukunft säen.

203 Der Engel in dir

Engel sind keine überdimensionalen Geschöpfe mit Flügeln. Es sind Wesen, die gelernt haben, sich selbst zu achten. Weil sie bereits durch die Tür gegangen sind, können sie diese für dich offen halten.

Suche die Engel nicht außerhalb von dir. Dort wirst du sie nicht finden. Sie leben in Dimensionen, die du nur mir deinem Herzen berühren kannst.

204 Geduld

Wenn eine Tür verschlossen ist, musst du geduldig darauf warten, dass sich eine andere öffnet. Solange du dir selbst und anderen vergibst, wirst du nicht lange warten müssen.

Es bringt dich nicht weiter, ständig über deine Fehler nachzugrübeln. Schuldgefühle tragen nicht dazu bei, dass du dich anderen gegenüber verantwortungsbewusster verhältst. Korrigiere deine Fehler, wenn du kannst. Versuche, Wiedergutmachung zu leisten, wenn du jemanden verletzt hast. Aber wenn es nichts gibt, was die Situation verbessern könnte, dann akzeptiere sie, wie sie ist. Manchmal kann man einfach nichts tun. Niemand ist daran schuld.

Aus der Erkenntnis, dass das Leben in Ordnung ist, wie holprig und unfertig es auch scheinen mag, entsteht Raum für Bewegung. Eine Veränderung kann stattfinden. Eine Tür, die noch vor wenigen Sekunden verschlossen war, kann sich plötzlich auftun.

205 Die Tür zu deinem Herzen

Die wichtigste Tür ist die Tür zu deinem Herzen. Wenn sie offen ist, trägst du das ganze Universum in dir. Ist sie jedoch verschlossen, dann steht du allein gegen den Rest der Welt.

Ein Herz, das Widerstand leistet, wird schnell müde und empfindet das Leben als schwere Last. Ein offenes Herz aber ist voller Energie, es singt und tanzt.

Wenn die Tür zu deinem Herzen offen ist, öffnen sich alle wichtigen Türen in der Welt. Dann gehst du, wohin du gehen musst. Nichts stellt sich dir in den Weg, wenn du deiner Bestimmung folgst.

206 Der Tanz des Annehmens

Das Annehmen ist ein lebenslanger Tanz. Er gelingt dir immer besser, je mehr du dich darin übst. Aber du wirst nie perfekt tanzen. Ängste und Widerstände werden weiterhin hochkommen und du wirst immer dein Bestes tun müssen, um mit ihnen fertig zu werden.

Im Tanz des Annehmens wird Unbewusstes bewusst. Deine Angst wird dein Partner. Je unglücklicher du bist, desto schwerer wird der Tanz, denn du musst mit deinem Unglück tanzen. Doch selbst das Unglück kann angenommen werden. Es gibt nichts, womit du nicht tanzen könntest, wenn du nur bereit dazu bist.

207 Die Poesie des Seins

In den zyklischen Rhythmen des Lebens zeigt sich seine einfache Schönheit und Majestät: im Auf- und Untergehen der Sonne, in den Mondphasen, im Wechsel der Jahreszeiten, im Schlagen des Herzens, im Rhythmus des Atmens. Wiederholung sorgt für Kontinuität, Vertrautheit und Sicherheit.

Nicht nur deine Hände, mit denen du nach den Sternen greifst, sondern auch deine Füße, mit denen du fest verwurzelt auf der Erde stehst, helfen dir, die Verbindung zwischen Himmel und Erde herzustellen. Spiritualität ist ein „Leben mit", genau wie ein „Leben für". Das ist die Poesie des Seins, der Rhythmus des Lebens, der sich jeden Augenblick neu entfaltet, in jedem einzelnen Menschen und in jeder Beziehung, die Menschen miteinander eingehen.

208 Wenn der Schnee fällt

Wenn der Schnee fällt, hüllt er die Erde, alle Pflanzen, Bäume, Häuser und Straßen in einen weißen Mantel. Alles sieht frisch, neu und unschuldig aus. Die Vergebung tut das Gleiche für uns. Sie löst die Schmerzen und Leiden der Vergangenheit auf, Wertungen und Urteile machen liebevollem Annehmen Platz. Im Licht der Vergebung siehst du deine Probleme und Herausforderungen mit anderen Augen. Du fühlst dich stark genug, dein Leben so anzunehmen, wie es ist.

So wie die Schneeflocken auf alles niederfallen, berührt Vergebung alles in deinem Leben. Aber damit du den Segen der Vergebung erfahren kannst, musst du bereit sein, sie zu empfangen, so wie die Erde den Schnee willkommen heißt. Du musst bereit sein, dich von einer Kraft durchströmen und reinigen zu lassen, die viel größer ist als du selbst.

209 Vergebung

Auch wenn du noch so sehr versuchst, deinen Bruder nicht zu verletzen, wird er weiter vor Schmerzen aufschreien. Weil er Angst hat, hast auch du Angst und umgekehrt.

Vergebung hilft dir, weich zu werden und dich einem anderen Menschen selbst dann zu nähern, wenn du wütend oder verletzt bist. Sie sorgt dafür, dass du nicht mehr ständig recht behalten und andere ins Unrecht setzen willst.

Du kannst einem anderen Menschen nicht wirklich nahe sein, wenn du nicht bereit bist, die Kränkungen und Verletzungen zu vergeben, die dir in der Vergangenheit zugefügt wurden. Doch indem du vergibst, trägst du dazu bei, dass deine Beziehungen jene Widerstandsfähigkeit bekommen, die sie brauchen, um lange zu halten.

210 Der Geliebte erscheint

Wenn du dem Ruf nach Liebe in deinem eigenen Herzen ehrlich gefolgt bist, wird der Geliebte unange-
meldet vor deiner Tür erscheinen. Das ist keine
Magie sondern das Ergebnis einer hingebungsvollen
spirituellen Praxis.

211 Mitgefühl

Nichts Weltliches ist von Dauer. Ruhm und Schande, Armut und Reichtum, Glück und Verzweiflung gehen Hand in Hand. Nie wirst du das eine ohne das andere erleben.

Der Schmerz ist der großer Gleichmacher. Er zwingt dich in die Knie. Er macht dich demütiger und sensibler für die Bedürfnisse anderer.

Wenn du deinen eigenen Schmerz in seiner ganzen Tiefe gespürt hast, empfindest du Mitgefühl, wenn du jemanden leiden siehst. Du hast weder das Gefühl, ihn wegstoßen zu müssen, noch das Bedürfnis, ihn in Ordnung zu bringen. Du nimmst ihn einfach in dein Herz hinein. Du bietest ihm eine Umarmung an und schenkst ihm ein paar ermutigende Worte. Du weißt, was er durchmacht.

212 Du bist der Hüter der Schwelle

Der Schmerz ist eine Pforte, durch die du gehst, wenn du soweit bist. Bis dahin bist du der Hüter der Schwelle, der Wächter, der den Eingang bewacht und darüber befindet, wer eingelassen wird und wer nicht.

Es ist in Ordnung, wenn du noch nicht soweit bist. Es ist in Ordnung, Menschen oder Situationen, mit denen du dich unsicher fühlst, außen vor zu lassen. Du bist für deinen Heilungsprozess selbst verantwortlich. Du bestimmst sein Tempo. Lass es dir von niemandem diktieren.

Andere mögen Ideen, Vorschläge und Pläne für dich haben. Danke ihnen für ihre Anteilnahme, aber mach ihnen klar, dass du derjenige bist, der die Entscheidungen in deinem Leben trifft.

213 Dem Prozess vertrauen

Es ist nicht nötig, dass du sämtliche Antworten auf die Fragen des Lebens kennst: wie man wächst, wie man durch Ängste hindurchgeht, wie man ein erfülltes Leben führt. Während du deine Geschichte erzählst und dir die Geschichten der anderen anhörst, beginnt der alchimistische Transformationsprozess in deinem Herzen. Und er, nicht du oder ich, bestimmt den Verlauf deiner Reise.

Ich kann dir nicht sagen, wohin dich deine Reise führen wird. Und es ist auch gar nicht wichtig, dass du es weißt. Ich kann dir nur sagen, dass du diesem Prozess vertrauen und wissen sollst, dass er dich nach Hause bringt zu deinem wahren Selbst, an den Ort engster Vertrautheit, zu deiner ewigen Verbindung mit dem Göttlichen.

214 Der Töpfer und der Ton

Der Töpfer wird nicht durch den Ton definiert, sondern durch das, was er daraus macht.

Der Ton nimmt Form an durch deine Bereitschaft, dich auf deinen inneren Prozess einzulassen. Durch deine Kämpfe und deine Hingabe wird das Kunstwerk vorgezeigt, zerstört und wieder vorgezeigt. Irgendwann weißt du, dass es vollendet ist und du nicht mehr daran arbeiten kannst. Dann lässt du es hinter dir und schon hast du einen neuen Klumpen Ton in der Hand. Er hat eine andere Konsistenz, ein anderes Potential. Er stellt dich vor neue Herausforderungen.

Der Gestaltungsprozess besteht einfach darin, dass du am Leben teilnimmst. Selbst wenn es scheint, als leistetest du Widerstand, wird mit dem Ton gearbeitet. Du kannst nicht lebendig sein, ohne am Schöpfungsprozess teilzunehmen.

215 Der Träumer erwacht

Du bist derjenige, der die Dunkelheit träumt, aber du bist auch der Lichtbringer. Du bist Verführer und Retter zugleich. Das wird dir bald bewusst werden, wenn du es nicht schon längst weißt.

216 Klopf an und die Tür wird sich öffnen

Ich habe dir gesagt, du brauchst nur anzuklopfen und die Tür wird sich für dich öffnen – ganz gleich, wie oft du dich schon geweigert hast, das Allerheiligste zu betreten. Ich habe dir auch gesagt: „Bitte, und dir wird gegeben." Aber du weigerst dich, mir zu glauben. Du glaubst, dass irgendjemand deine Sünden zählt, deine Momente der Unentschlossenheit oder Widerspenstigkeit, aber das ist nicht wahr. Du bist der einzige, der zählt.

Ich sage dir, mein Bruder, meine Schwester: „Hör auf, deine Sünden zu zählen und Ausreden zu erfinden, hör auf, so zu tun, als sei die Tür verschlossen. Ich stehe hier auf der Schwelle. Nimm meine Hand. Wir werden die Tür öffnen und gemeinsam hindurchgehen."

Ich bin die Tür zu einer Liebe, die an keine Bedingungen gebunden ist. Wenn du durch diese Tür gehst, wirst du selbst zur Tür.

Index der Weissagungen